不執著的幸福

淨明 編著

大師父教你
頓悟的55則智慧

幸福不一定是擁有，不執著才能讓你幸福

出版序

《天下》幸福指數調查二〇一三年台灣人幸福指數六十五點九四分，屬於「中段班的幸福」。從字面上看來，我們的幸福感只有超出及格邊緣一點點而已，那為什麼大家都對幸福無感呢？

還記得以前有一個童話故事，叫做「青鳥」，故事裡的兄妹在夢境中遍尋不著能帶來幸福的青鳥，一覺醒來後發現原來是自己家中飼養的那隻小鳥。原來幸福早在他們身邊，只是他們沒有發覺。

很多人都覺得要多得到一點、多努力一點才能夠讓自己幸福、快樂。其實我們常常忘記「人的情緒跟感情是不斷在變化的」，讓你痛苦的並不是事物本身，而是你的「執著心」，因為執著凡事一定要順從己意、執著一定要維持心中認定的那種完美狀態、執著一定要獲得什麼……而痛苦。

其實幸福並沒有那麼難，少一點執著就多一分幸福。透過本書作者淨明告訴我們這些故事的智慧，就能掌握如何在生活中過得幸福。書中大師父的提點與開示，更能讓每個人心開意解，知道什麼事情不能執著，懂得什麼時候應該放下，讓自己永遠幸福快樂。

目錄

智慧
01

自在

去貪就簡，可使心靈得到無比的寧靜與解脫。

這是一種自在的幸福。

不怕死的將軍，到底怕什麼？

古時候有個能征善戰的將軍，非常喜歡收集古董。

有一天，當他拿著一隻清朝的青瓷杯在手中把玩時，突然一個不小心，瓷杯溜出手外，將軍連忙一個射步，及時將正往下的瓷杯接著。

不過，他卻是嚇出一身冷汗，全身無力地跌坐在椅子上。

將軍心想：「平日我率領百萬雄軍南征北討，出生入死，卻是從來沒有害怕過，今天怎麼會為了一隻瓷杯，受到如此的驚嚇呢？」

他就想通了一個道理，原來當我們的心貪著於甚麼的時候，我們的心就被繫縛在那裡，不得自在而受苦無窮。

於是，將軍把瓷杯一丟，瓷杯雖粉碎在地，他的心情倒是海闊天空，無牽無掛，又回到了昔日的豪情壯志。

大師父開示

這個小故事告訴我們，內心無貪即可離開繫縛，這是值得我們用功的自在心境。

一般人不知道學佛，不知如何尋找清淨的解脫道，主要原因，就是因為迷戀於世間的欲樂。有些人重視財富，看不透財富乃五家所共有，一場火災、一場水災，或者敗家子等等，都會令我們的財產隨時消失，無法永恆保存，所以它也沒有辦法讓人的內心得到安樂。

有些人卻希望自己居高位、掌大權，喜歡掌聲、渴望讚美，而受到名位的繫縛。也有人放不下對親緣的眷戀，此深細難捨的繫縛，會令人在生離死別之際痛苦難當。而人們最摯愛的是自己的性命，想要無病延年，但也是避免不了面對死亡的到來。

這些現象都如同有名的四非常偈所述：「積聚皆銷散，崇高必墮落，合會要當離，有生無不死。」總之，世間樂事終究不能依靠，不可貪著，當我們能確實體悟一切無常，內心就會想要尋求一個歸屬；而我們的究竟歸屬就是「覺知、正心、清淨」永恆不變的自性三寶。

智慧02

無執

不執著才不會給自己帶來痛苦，

也不會造成對方的壓力，這就是幸福。

修行人最怕什麼？

唐懿宗很欣賞他的國師悟達法師，有一次就賞賜給他一張沈香木做的大椅子，當悟達國師坐上那張椅子時，動了一念沾沾自喜的心，心想自己真有修行，今日方得皇上賞賜如此寶椅。

不料念頭一動，腿上就癢癢地長了一個人面瘡，眉毛、眼睛、嘴巴都齊全，他遍訪名醫，都治療無效，十分苦惱。

後來悟達國師想起他當沙彌時曾經在外救護過一位病僧，臨別時病僧感念他的救命之恩，就告訴他若他日有難可以前往四川九隴山找他相助，於是悟達國師在無法可想的情況下，心想不妨前往四川找他。

此次國師果真見到了那位僧人，僧人告知以三昧水洗瘡即可痊癒，國師正欲以三昧水洗瘡時，人面瘡卻開口道：「且慢！你知道我是誰嗎？」

國師答：「不知。」

人面瘡就繼續說道：「我是漢景帝時的晁錯，因你袁盎的幾句話而被腰斬慘死，不甘心所以找你復仇，可是十世以來你都是高僧，所以一直沒有下手復仇害你的機會，但是你那天動了貪戀名利的心念，所以我就有機會現人面瘡害你受苦病痛；但是今日又逢你遇到貴人解救，既然如此，那就算了吧！」

大師父開示

這一念心很微妙，晁錯十輩子想找袁盎報仇，卻沒有下手的機會，是因為袁盎投胎當了高僧。高僧者，道德高也。道德高則我執心低，我執心低就能入佛心。

佛心其實沒有高低的分別，我執心低就是沒有自憍，沒有我慢、沒有我愛，是清淨、是平等、是慈悲，好比虛空般沒有邊際，心清淨則業障魔就沒有地方下手，心暗昧、心不清淨，則容易感召業障現前，所以有智慧的人知道要於一切時、一切處，保持清淨心，對一切人事物都是平等慈悲。

修行人倘若以平常心看待一切，當有所得的時候，就不會過份貪求。有所失的情形，也不會過份煩惱。縱使有了榮耀，也看成是大家的成就。遭受毀謗反而覺得對方是一位讓自己反省成長的良師。能以平常心處事，人生何處不春風？

人之所以心隨境轉，是「有所得心」作祟。每當有所得的時刻，不禁滿心歡喜，此乃人之常情。但修養功夫到家的行者，了知人不能為了身外之物，而迷思自心的光明寶藏，所以得財不喜是平常心，內心纔能看淡得失。

無求

廉者常樂無求，貪者常憂不足。

知足就是幸福的開始。

記得這一句話，就可以了生脫死？

有個念佛人叫做阿園，許多人向她請教問題，皆受益非淺。其中有個婦人為了生死大事煩惱，去找阿園幫忙解決。

阿園問她：「妳是否願意照我所教的方法，努力個三、五年呢？」

婦人毫不猶豫地答道：「可以，只要能夠了生脫死，我一定努力地去做。」

阿園就告訴她，每天從早到晚都不可以忘記一句話：「沒關係，無所求。」要有耐心，片刻不可間斷。

婦人很高興地回去了，可是三天後婦人又來了，她說：「我聽您的話，每天一直念『沒關係，無所求』，為甚麼心中毫無變化，我的生死大事如何成辦呢？」

阿園很安詳地回答說：「沒關係，無所求。」

婦人又說：「我心中還是苦惱，毫無變化。」

阿園再度很安詳地回答說：「沒關係，無所求。」

婦人這時突然有所領悟，雀躍地念起佛號來了。

大師父開示

這句「沒關係，無所求」看起來很簡單，可是很不容易做到，心中真正起了瞋恚、苦惱時，我們是否能夠當下讓心平息下來，對外境說沒關係呢？倘若真能在現實生活中做到「沒關係，無所求」，我們的內心就可以平息許多「人我是非」的困擾，生活必能恬然自得。

一般人都認為世間是實有，因此，不斷「累積錢財、爭取地位、抓住權利、操控他人」等等，只為了內心的安全感。但當他已獲得財富，地位、權利等等之後，還是不能心安，不是患得患失，就是認為還不夠富有，地位不夠高、權利不夠大，永遠無法滿足，一輩子都耗在追逐中。

修行人認清真相，知道一切都是因緣和合，沒有一樣是真實不變的東西，因此，於生活中只要夠用就好，不會無謂的向前追求。更何況這世間沒有一項帶得走，本無所得故，何必為了抓住東西來讓自己煩惱呢！

有所得的心，讓我們一輩子都活在紛擾的世界裡，而不得自在。無所得的心，令我們身心完全放下，活得輕鬆又自在。學佛之第一義諦即是「心無所得」，這是通世出世間的真理，是學佛最好的一帖良藥。

智慧04

虛心

放下驕傲才能得到幸福。

為何「茶杯在上，茶壺在下。」

一個滿懷失望的年輕人，千里迢迢來到寺院，對住持說：「我一心一意要學畫畫，至今還未能找到能令我心滿意足的老師。」

住持笑笑問：「你走南闖北了十幾年，真的沒找到滿意的老師嗎？」

年輕人深深嘆口氣說：「許多人都是徒有虛名，見過他們的畫作，有的畫作甚至不如我。」

住持聽了淡淡一笑說：「老僧雖然不懂畫畫，但也頗愛收集名家精品。既然施主的畫技不比那些名家遜色，就煩請施主為老僧留下一幅墨寶。

老僧最大的嗜好，就是愛品茗飲茶，尤其喜愛那些造型流暢的古樸茶具。施主可否為我畫一個茶杯和一只茶壺？」

年輕人自信地回答：「這非常容易。」過了不久，畫出一個傾斜的水壺和一個典雅的茶杯。那水壺的壺嘴正徐徐吐出一脈水來，注入到那茶杯中。

年輕人問住持：「這幅畫您滿意嗎？」住持微微一笑，搖了搖頭，並說：「你畫得確實很好，只是把茶壺和茶杯放錯位置了。應該是茶杯在上，茶壺在下。」

年輕人聽了，笑道：「大師何以如此糊塗，哪有茶杯往茶壺注水，是茶壺在上，而茶杯在下？」

住持聽了，又微微一笑說：「原來你懂得這個道理，只渴望自己的杯子裡能注入那些畫畫高手的香茗，但你總把自己的杯子放得比那些茶壺還要高，香茗怎麼能注入你的杯子呢？澗谷把自己放低，才能得到一脈流水；人只有把自己放低，才能吸納別人的智慧和經驗。」

大師父開示

年輕人思維良久，終於恍然大悟。唯有不卑不亢地面對自己和他人的關係，以及虛心接受真理，才能把持人生正確的航道，如此一來，才能事事無礙。

有憍慢習氣的人，很容易與別人較量高下。有爭強好勝想法的人，總是希望自己比別人高明，比別人成功。這種勝負心能令我們生起覆、誑、諂、嫉、慳、瞋、慢等等煩惱。所謂「是非皆因多開口，煩惱皆因強出頭」，多開口（說不該說的話）容易招惹是非。凡事想要出頭爭勝，不肯虛心謙下，這即是煩惱的根源。

世間大多數的人不肯吃虧，只想佔人便宜，而佛門正好相反，卻是勸人學吃虧、學退讓。因為吃虧並不吃虧，佔人便宜並不表示真的得了便宜，一般人自以為得了便宜，卻不知道自己已多增長了一份貪心，將來臨命終面對自己的時刻，心必如刀割，因為心中抓的越多，要捨掉的東西必然也不少。趁活著的時候，應早日訓練自己看得開、放得下，凡事不必太計較，學吃虧少負擔，人生路上好自在。

智慧05

承擔

承擔之後才知道事情很簡單，

沒有想像中的困難，這就是承擔的幸福。

大承擔，大成就

老陳是一家工廠的生產線科長，他個性溫和且工作勤奮，與同事相處十分融洽。有一次因為貨源來不及補足，造成產量達不到預期的目標，廠長非常生氣，在開會時宣佈要扣除生產科員當月獎金。

散會後，老陳並沒有解釋生產為甚麼會延誤，只是誠懇地報告廠長說：「這一切都與生產科其他同事無關，是我自己指揮不當造成的，這事應該由我獨自來負責，請扣我個人當月工資和全年獎金作為處罰。」

廠長同意老陳的要求。生產科的員工得知此事後，非常感動，於是他們主動加班，決心下個月超額完成生產目標。在他們同心協力的辛勤努力下，第二個月的產量果然超越目標，廠長非常高興，立即宣佈加發獎金給生產部門。

老陳將獎金全部都分給員工，自己分文不取，他對員工說：「這些獎金是大家辛勤所得，是屬於大家的。」

大師父開示

老陳不計較個人名利，推功攬過，不但令生產部的員工擁護和讚賞，同時也為公司創造佳績。

就和地藏王菩薩所立下的誓願：「地獄不空，誓不成佛；眾生度盡，方證菩提」，這種利他為先的偉大菩提心願，感動了無數群生。

而效仿地藏王菩薩精神的行者，從古至今無有間斷。學佛就是要先把花插在前頭，從利益眾生中成佛。

事實上發心護持他人成就，反而是自己先得到革除我執的好處，亦是成就佛道的正因。

智慧
06

清明

人的心念意境，只要保持開朗清明，

所見都是真善美都是幸福。

不享特權的智慧

宋朝重顯禪師打算到浙江雪竇寺去參學，途中遇到一位有德望的長者鄉親，這位長者鄉親很想幫助他，就寫了封給雪竇寺的住持和尚的介紹信給他，希望重顯禪師可以因為這封介紹信而受到禮遇，日子可以過得比較好些。

五年之後，長者鄉親至雪竇寺，在拜會住持和尚之後，才知道重顯禪師並沒有交那封介紹信給住持和尚。

當他問起重顯禪師何以沒有交出介紹信，禪師說道：「出家人原是一無所求的隨緣參學，若被禮遇看待，則易生惰慢，障礙修行。」

因為重顯禪師的「隱晦自泰，不求聞達」，後來光大門庭，廣度眾生；世稱雪竇重顯禪師。

世人面對名利關頭，大都想讓自己處於優勢的地位，能夠擁有比別人更好的權勢。而面對寵幸的關頭，也會想要讓自己成為最受重視的人。

澄月世界的「澄」字是指心境的澄靜不動，「月」字是指對眾生的關懷猶如月光遍灑大地，柔和平等關照。

倘若能夠有個淨土世界名「澄月」，彼國人人學習禮讓，好位、好名，好財寶都與他人享。

凡有好處先將他人擺第一，猶如古人以恭敬「太陽」為重，自己願居於次做「月亮」。日月本是光光相照，若論先後當有陽光後有明月，理所當然敬「日」為先。眾人本是我衣食父母，不先敬他要敬誰。

智慧
07

寬恕

寬恕他人其實就是放過自己，讓彼此不再有疙瘩。
寬恕是幸福的解藥。

沒有恨意的價值

報紙上刊登過這麼一則事實，台中縣太平市民董冬雄被被指控涉嫌台中市銀河大飯店強盜案，案經法院判決七年三月有期徒刑。

三年半後原兇認罪，已造成冤獄一千三百二十四天。

最後才知道他是清白的受害者。

但是董冬雄寬恕原兇，及那些不聽他辯白的人，他也不申請賠償。

因為他知道寬恕別人的價值，遠勝於那些可要回來的東西。

而心中沒有恨意的意義，更大於有形的價值。

大師父開示

有些人會理直氣壯地發脾氣，認為以怨報怨是必然的行為，但事實剛好相反，如此一來只會讓問題一層疊一層，累積彼此更高漲的怨氣。所以我們要認清瞋恚及怨恨，並不是解決問題的途徑。

發現自己內心懷有瞋恚及恨意的時候，應當生起慚愧心，慚愧自己為什麼如此沒有智慧，不懂得轉化自己，應用雙贏的方式解決問題。假使我們能夠有這樣子的冷靜思維，煩惱自然起了不作用，反而增長自己的菩提覺性。

古德云：「寵辱不驚，閒看庭前花開花落」。是指面對「榮寵、侮辱」現前的時候，應當以智慧之眼看穿順逆皆是幻化不實的假相，榮寵如花開，於榮寵之中不生歡喜想，透視受辱如花落般，於侮辱之中不生悲苦想，如此寵辱不驚，如同閒看庭前花開花落，則道在其中矣！

智慧
08

依存

你中有我，我中有你，誰都離不開誰，
這就是互相依存的幸福。

兩個頭的相處智慧

有一隻雙頭鳥，牠的兩個頭必須有一個休息，另一個保持清醒當守衛。其中一個頭很貪睡，所以，經常是另一個頭保持警覺。進食時，清醒的頭叫醒貪睡的頭一起吃；吃飽後，那貪睡的頭又要睡了。而警覺的頭也任勞任怨，時時負起守衛的責任。

有一天，貪睡的頭說：「我累了想睡覺，守衛的工作就由你來做吧！」清醒的頭也不計較。

貪睡的頭沈睡後，突然起風，把一顆香果吹落地，剛好滾到雙頭鳥身邊，果子很熟、很香。清醒的頭心想：「另一個頭睡得正熟，實在不忍心叫醒牠，反正我吃了香果，牠也一樣受用！」於是清醒的頭就獨自把香果吃了。

貪睡的頭突然覺得有股香氣，而且還聽到清醒的頭打了一個飽嗝，牠就問清醒的頭說：「你吃了什麼東西？為何打了這麼香的嗝？」清醒的頭說：「是一個香果，我不忍心吵醒你，所以就自己吃了。」

貪睡的頭聽了很不高興，心想：「這麼好吃的香果，為何不叫醒我一起享用？」從此，這貪睡的頭就深埋著恨意：「好，總有一天我要報復！」

經過一段日子後，貪睡的頭向另一個頭說：「今天讓你休息一下，我來做守衛的工作吧！」清醒的頭歡喜地答應了。

當牠睡著後，又有一顆果子被風吹落，但那是毒果！擔任守衛的頭想道：「我就吃下這顆果子，要死兩個一起死！」牠滿心怨恨地把毒果吃了！

佛陀說：「貪睡的頭是多生前的提婆達多，常保清醒的頭就是我啊！」

大師父開示

人和人之間的共處也是如此，你我他之間彼此是相互依存的，以善良的身口意向著他人，實際上受益的也是自己，以煩惱心向著他人，實際上受到傷害的也往往是自己。

俗話說：「沒有兩個銅板錢不響」，外在的敵人是因為自己的修養不足所造成的。「自私自利的心念，驕慢貢高的習氣，慳吝、嫉妒，覆藏己過、張揚己盛。」

這些通通是我們共同的敵人，煩惱心就是我們的根本敵人，它的根源於自己的心量不夠寬廣。

在學佛之前，我執根深，煩惱充滿。我，是一個感歎號！開始學佛了，我執逐漸淡化，煩惱逐漸瓦解。我，是一個問號？終證法性成賢成聖，我執消融了，煩惱消失了。我，是一個句號。

因此不是怪別人、也不是怪環境，而是怪自己。自己才是自己的最大敵人。

智慧
09

圓融

事情沒有絕對的對與錯，

不要站在自己的立場去爭執就能幸福。

你對我也對的智慧

有個故事是這樣的：窗明几淨的禪房裡，老禪師正在打坐，清晨的陽光斜斜地照射進來，將窗影映在他的身上。屋外兩個徒弟正為一件小事爭執，喧嚷的聲音，配和著枝頭啁啾的鳥鳴，使得一向寧謐的古剎，突然熱鬧起來。

不一會兒，甲徒弟氣沖沖跑進來：「師父，有件事是這樣的……，我認為……」

師父聽完了就對他點點頭，和氣的說：「嗯！你對！」

甲聽完高興地離開了。

過了一會兒，乙徒弟也火冒三丈地跑來：「師父，事情是這樣的……，我認為……。」

師父也向他點點頭，和氣的說：「嗯！你對！」

這時，一直隨侍在旁的丙徒弟看了便說：「師父，您怎麼會這樣……」

老禪師聽了，微笑地對著他說：「嗯！你也對！」

大師父開示

這個故事聽起來或許令有些人不以為然，但每個人如果都站在自己的私利去思考事情，有誰敢說你錯！再以更超然的立場去看待，每個人都有各自的執著，那是我執的產物，因此，更需要以包容心接受他，這世界纔能百花齊放。

經云：「於已得生慳，可得生諂，不得生嫉」，[1]如果我們同樣擁有和別人同樣的成功果實，當我們看見他人成功，就比較容易隨喜。但一般人常生嫉妒心，

有人渴望自己有好學歷，但卻是自幼失學，見他人得到好學位（如碩博士），內心就很難受。也有人自己很愛媽媽，但媽媽卻不疼自己，而專疼弟弟，要真心隨喜弟弟，自己內心是不容易辦到。止息貪著心與遣除嫉妒心的根本方法，必須用般若智慧觀照，眾生與自己本是一體性的關係，彼此並沒有隔礙，只要拿掉自己那一道牆，自然可分享對方所擁有的喜樂。

[1]《華嚴經探玄記》（卷11）T35,p0312a

智慧10

無諍

諍辯只會讓事情越描越黑，

不諍辯反而能讓真相自然浮現。

無諍是幸福的智慧。

不接受的東西自然回歸本人

釋迦牟尼佛曾經遇到一個人，對著他絲毫不客氣地惡言相向侮辱謾罵，佛陀仍然默默地挨他的罵。

等他罵完了，佛陀心平氣和地問他道：「如果有人送東西給你，而你沒有接受，請問這些東西會去哪裡呢？」

那個人答道：「回到我本人呀！」

佛陀接著說道：「當一個人向別人惡罵時，如果對方是清白的，或者對方並沒有瞋恚，其實這些惡罵的內容一樣是會回到自己身上。」

那個人才知道原來佛陀並沒有被他影響。

大師父開示

我們倒是不必希望對不起自己的人，將來得受到不好的苦果，反而誠心地期望他，能在未來的日子過得幸福快樂。只是我們得知道自己以惡言、惡心向著別人的時候，自己就得在未來承受這些惡言、惡心的果報。

遇到別人輕慢自己的時候，該如何應對呢？其實不必苦惱。首先我們應當省思自己，過去我們可能曾經造下輕慢他人的罪業，所以現在才會感得受輕慢的果報，那就沒甚麼好怨尤啦！如果不是往昔的因緣果報，也沒有必要在今世與他人結惡緣。

除此之外，我們可以再進一步思維，他人對我們不屑的表情、言語等種種態度，並非那麼真實，表情只是細胞的堆積，言語只是音波的振動而已，也都只是暫時性，猶如幻燈片的影像罷了！剎那即逝，何必在意！況且我們更沒有必要為對方的情緒而活。

另外也可以以念佛法門來取代不舒服的情緒，淡化內心的委屈。當然我們也應該自省，到底受輕慢的原因何在？自己有錯就應當改進，若是沒有過失，則應自勉。

智慧 11

無畏

什麼事都不害怕面對，自然沒有困難的事。

無畏是幸福的一種力量。

退步原來是向前

佛陀的十大弟子中，有個被尊為「說法第一」的富樓那尊者。

有一次，富樓那尊者請求佛陀允許他去輸盧那國弘法。佛陀很歡喜他的發心，但是卻勸他到別的地方去，因為那裡交通不便，文化落後，而且互相打罵成為習俗，容易喪失生命。

富樓那卻笑著說：「個人安危不足惜。」

佛陀問道：「如果他們不接納你，反而罵你，你怎麼辦？」

富樓那回答：「我仍然覺得他們很好，他們只罵我而沒有用棍子打我。」

佛陀又問：「如果他們用棍子打你呢？」

富樓那答：「很好啊！他們只用棍子打我，而沒有用刀杖刺傷我。」

佛陀再問：「如果他們用刀杖刺傷，或刺死你呢？」

富樓那答道：「那就更感恩了，因為他們幫助我入涅槃。」佛陀對富樓那歡喜讚歎，就很放心的讓他去弘法。

結果富樓那在輸盧那國收了五百個弟子，建立百間伽藍，成為極成功的佈教家。

如果我們可以有富樓那的這種人生態度，我們對損害我們的人就不會有任何要求，別人對自己好不好並不在乎，反而這樣想！別人對自己好則是多出來的福報。如此思維，我們就會覺得自己十分幸福快樂。

《維摩結經》提到「毀譽不動如須彌，於善不善等以慈」，《大寶積經》也提到「善惡眾生，慈心無異。」佛陀教導我們面對或善或惡之眾生，慈心依然平等無異。佛陀說佛弟子除了要慈愛自己的親友，更應該開拓心量關懷陌生人，乃至我們的怨家、或無惡不作的壞人。因為無始劫以來本一家人，只因眾生迷惑顛倒而不自知。

智慧12

心量

你大我小、你對我錯的雅量，

就是幸福的心量。

你當釋迦牟尼佛好了

有二個學佛的甲和乙在吵架，就找個師長調解紛爭。

師長說：「每個人都難免面對逆緣，連釋迦牟尼佛也會遇到提婆達多啊！」

問題是大家都知道提婆達多是個反派角色，人人唾棄，釋迦牟尼佛則是人人崇敬的聖人，誰願意當提婆達多呢？

事情的發展沒想到很快得到解決，其中的甲很快就低頭，說道：「好吧！是我的錯，我是提婆達多，你當釋迦牟尼佛好了！」

那麼到底誰是釋迦牟尼佛？

大師父開示

善哉！釋迦牟尼佛果然是釋迦牟尼佛，雖然我們不知道甲乙誰是釋迦牟尼佛！但是這位自己先吃虧退讓的「提婆達多」，我們可以確認，他已具有釋迦牟尼佛的心量了！

「要縮小自己，縮小到可以進入別人的瞳孔裡，卻不障礙別人的眼睛」。要獲得別人的認同，得學習「你大我小，你對我錯」的態度，就可以減少紛爭，就可以有比較良好的人際關係。

十善戒裡的不惡口，就是要我們「當自己受到傷害的時候，不可以惡言相向。」而梵網經菩薩戒的十重戒中，則有不說四眾過戒，縱使對方傷害了自己，也不宜向其他人宣揚他的過失。

還有不自讚毀他戒，是指不可讚揚自己毀謗他人。

不可瞋不受悔戒，是表示必須接受他人的道歉等等。此外，也不可以說離間語，存心讓仇人失去朋友。這些戒學的內容都可以達成防非止惡的功能，使我們免受未來苦果。

智慧13

如是

人饑己饑，肚子餓就要吃飯；

人溺己溺，有人溺水就要救他。

待人如己就是幸福的道理。

左手給右手不必任何條件

在古印度時期，有一個十分慳吝的人，他不喜歡布施，極不願意布施。世尊親自教化他學布施，世尊告訴他：「把你左手的東西布施給右手」，此人猶豫了一下，剛開始還不願意，後來想一想：「右手也還是自己的手呀！」

就慢慢地施給右手，然後世尊又教他把右手的東西布施給左手，如此左右手互相布施了數次，他就布施得毫不猶豫，並且充滿歡喜心。

漸漸地世尊再教他布施東西給他的親人，慢慢地他也願意了，後來又再教他布施給陌生人，他也毫不猶豫了。

如此一來，這個人漸漸體悟到自己和眾生其實是同一體性，布施給別人，就如同左手布施給右手一樣，所布施出去的其實日後都會回到自己的身上，因果絲毫不爽。

大師父開示

這一生能施以財、施以法、施以無畏，未來才有安樂富足的生活；倘若吝於施捨，不知施人如施己的道理，未來一旦福報享盡，自然會受苦報。

《成實論》列舉出慳吝有五種類別：一、住處慳，二、家慳，三、施慳，四、稱讚慳，五、法慳：意指對住處、家宅、布施、稱讚、法義等等，心存獨占欲。住處慳是指希望自己可以獨佔住處，不必和其他人共同分享。家慳是指對家宅的獨佔欲，希望只有自己獨自可以出入這個家，而沒有別人與他同進出，如果有別人，自己是最優先的決定者。

所謂施慳是指期望自己單獨得到布施，其他人不要得到布施，如果有其他人得到布施品，希望他們不要超過我。而稱讚慳是指希望別人單獨稱讚自己，不要稱讚別人，如果有其他人也受到稱讚，讚詞的榮顯不要超勝我。法慳是指希望自己獨知十二部經義，以及知道深義，祕而不說。[1]

❶《成實論》卷 10（大 32,321 中）

智慧 14

認錯

永遠不要因承認錯誤而感到羞恥，

因為承認錯誤也可以解釋作你今天

更聰敏。認錯是幸福的鑰匙。

認錯不一定不好

曾聽過一個故事：

山上有二間和尚廟，甲廟的和尚經常吵架，互相敵視，生活痛苦。乙廟的和尚卻是一團和氣，個個笑容滿面，生活快樂。

於是，甲廟的和尚便好奇地前來請教乙廟的和尚：「你們為甚麼能夠讓廟裡永遠保持愉快的氣氛呢？」和尚回答道：「因為我們經常做錯事情。」

甲廟住持正感覺到困惑時，忽見一名和尚由外歸來，進大廳時不慎滑了一跤，正在拖地的和尚立刻跑了過來，扶起他說：「都是我的錯，把地拖得太濕了！」站在門口的和尚，也跟著進來懊惱地說：「都是我的錯，沒告訴你大廳正在拖地。」被扶起的和尚則愧疚自責地說：「不！不！是我的錯，都怪我自己走路太不小心了！」

前來請教的甲廟住持看了這一幕，心領神會，他已經知道答案了。

大師父開示

認錯未必是輸，肯認錯不但是一種良好的修養，也往往可以化解不愉快的人際關係，而帶來和諧共處。人人自是非他，個個焦頭爛額，個個低頭認錯，人人歡天喜地。

仔細思維我們也可以明白一個道理，勝利者會招來別人的妒忌，失敗者則活在苦惱中。

唯有寧靜的人能捨棄勝敗心，所以能夠過得平安而幸福（捨棄勝敗之義是表內心沒有勝敗的得失心）。

可見長養我們這一顆明淨寧和的心，是多麼重要的根本大事。

不讓「是非」出自你的嘴巴，要清楚明白談「是非」是一種恥辱。

每當我們向別人訴苦，或是在背後偷罵別人，可能會有一吐為快的感覺，但孰不知造口業的苦報在後頭等著您。

修行人更應當善護口業謹言慎行，業報從來不饒人！

智慧 15

心念

心念決定自己的命運，

心念決定自己的幸福。

心念的重要性

心念是一種很奇妙的東西，它會產生神奇的力量。

美國哈佛大學的一項實驗，證實了心念的魔力。

他對第一組學生說：「你們太幸運了，因為你們將跟一群天才老鼠在一起。這群聰明的老鼠會很快地通過迷陣抵達終點，然後吃了許多乾酪，所以你們必須準備多些乾酪放在終點站。」

他對第二組學生說：「你們將跟一群普通的老鼠在一起，這群平庸的老鼠最後還是會通過迷障抵達終點，然後吃一些乾酪。因為他們智能平平，所以期望不要太高。」

他對第三組學生說：「很抱歉，你們將跟一群笨老鼠在一起，這群笨老鼠的表現會很差，不太可能通過迷障抵達終點，因此你們根本不用準備乾酪。」

六個星期後，實驗結果出來了，天才老鼠很快地通過迷陣，抵達終點；普通老鼠也到達終點，不過速度很慢；至於愚笨的老鼠，只有一隻通過迷陣抵達終點。

就「慧學」而言，觀察人我的外相雖有差別，其實在本性上是一體無別的，怨家與親家相之間的本性也是平等無二，能洞達怨親平等，認清諸相「同體」、體性空寂、幻化不實，自能徹底地根除煩惱。

其實根本沒有甚麼天才老鼠和笨老鼠，他們都是同一窩普通的老鼠，這些老鼠之所以表現有天壤之別，完全是因為實驗的學生受了羅伯特博士的影響，這是羅伯特博士對他們不同態度所產生的結果；學生們雖然不懂老鼠的語言，然而老鼠知道學生們對他們的態度。

因此，對別人態度友善，相信別人，給別人信心和鼓勵，就可以對別人產生良好的影響。

智慧 16

同體

同體是生命的真相，是幸福的故鄉。

念力不可思議

台北市福林國小的同學們，曾經用三個透明有蓋的容器裝了三碗飯，放在教室裡。每天對第一個實驗飯組說：「你真是一碗晶瑩剔透潔白無瑕的米飯」，對第二個實驗飯組說：「沒水準」，對第三個實驗飯組視而不見、置之不理。

幾天之後，第三組「不理它」的飯最先有發霉的現象，呈現「偏黑色」且「有發臭的味道」，第二組「批評它」的飯出現「綠色」的黴，第一組「讚美它」的飯除了綠黴之外，還產生了一塊「紫色」的黴，並發出一股淡淡的香味。

大師父開示

由這個實驗的答案得知，正向的心念帶給周遭是美好的結果。

成長在愛心鼓勵下的孩子，往往人格比較健全，生活也過得朝氣蓬勃；而缺少溫暖關懷的孩子，則可能變得不懂得關愛別人，人生也比較暗淡。讚美和鼓勵可以對別人的成長有良好的激勵作用，給人適當的讚美，猶如人間甘露水，可以煥發出人性的光輝。

真誠的鼓勵和讚美，確實有助於人提起信心，尤其碰到挫折失敗的時刻，更需要第三者的安慰。所以菩薩常以四攝法來幫助眾生，其中「愛語」即是正向鼓勵，給人希望、給人方便、給人勇氣、給人自信。因此鼓勵與諂媚完全不同，諂媚是屬於綺語，說好聽的話讓人迷惑，與事實不符，猶如吃安非他命，一時得到興奮，但是必須付出代價，那就是「上隱中毒」。所以有些人認為諂媚他人有增強別人信心的作用，事實並非如此。學佛人不可有這種似是而非的觀念，這是一種過失，也是犯戒的行為。

智慧17

無我

普天之下，沒有我不愛的人，

也沒有我不信任的人，

沒有我不能原諒的人。

不自私才能讓和我們在一起的人幸福。

把自己當成自己

有一位十六歲的少年去拜訪一位年長的智者。

他問：「我如何才能讓自己愉快，也可以給別人愉快呢？」

智者笑著望著他說：「孩子，在你這個年齡有這樣的願望，已經是很難得了。很多比你年長的人，從他們所問的問題就可以發現，不論我如何對他們解釋，都很難令他們明白真理，那也就只好讓他們這樣下去好了。」少年懷著虔誠心聽著，臉上沒有露出絲毫得意。

智者接著說：「我送給你四句話。第一句話是：把自己當成別人。你能說說這句話的含義嗎？」少年回答說：「是不是說，在我感到痛苦憂傷的時候，就把自己當作是別人，這樣痛苦就自然減輕了；當我欣喜若狂的時候，同樣把自己當成別人，那些狂喜也會變得平和些？」智者微微點頭。

智者接著說：「第二句話是：把別人當成自己。」少年沈思一會兒，說：「這樣子想就可以真正同情別人的不幸，理解別人的需求，並且在別人需要的時候，給予適當的幫助。」智者聽了兩眼發光。

智者繼續說道：「第三句話是：把別人當成別人。」少年說：「這句話的意思，是不是要我們充份地尊重每個人的獨立性，在任何情形下，都不可以侵犯他人的核心領域？」智者哈哈大笑，說道：「很好，很好。孺子可教也！」

智者又說道：「第四句話是：把自己當成自己。這句話理解起來太難了，留著你以後慢慢品味吧！」少年說：「這句話的含義，我一時體會不出來。但是這四句話之間似乎有許多自相矛盾的地方，我要怎麼思維才能把它們統一起來呢？」智者說：「很簡單，用一生的時間和經歷。」少年沈默了很久，然後叩首告別。

後來少年變成了壯年人，又由壯年人變成了老人。等到他離開這個世界很久以後，人們都還時時提到他的名字，人們都說他是一位智者，因為他是一個愉快的人，而且也都給每一個見過他的人帶來愉快。

大師父開示

第一句話：「把自己當成別人。」能以交換立場的角度去體會對方的處境，我們就會將心比心，知道如何對待別人。

第二句話：「把別人當成自己。」如果他是我，他會如何做，以己度人去體會別人的立場。別人對我們好，我們要牢記在心，別人對我不好，我們要盡快淡忘。

第三句話：「把別人當成別人。」，尊重每一個生命的自主權，尊重別人和自己有不同的意見，不同的選擇、不同的個性，在尊重別人的獨立性之下，同時又關心對方。

至於第四句話：「把自己當成自己。」暗示我們要珍惜生命，人身難得今已得，佛法難聞今已聞，我們要及時用功，不要浪費生命，積極修道了生死。

在前三句話的基礎上，再說出這第四句「把自己當成自己」，表示這個時候慈悲心已具足。因為把自己當成自己的同時，自己也都是別人，別人也就都是自己，如此思惟就可以淡化我執。消融我執就可行菩薩精神，燃燒自己照亮別人，為眾生犧牲奉獻。

智慧 18

悲心

有慈悲心的人，懂得憐憫他人，尊重他人的感受。

任何人與他相處都能感受到幸福的滋味。

捨身取義的鹿王

波羅奈國王入山遊獵，見到有兩群鹿共五百頭，各自有一鹿王。其中一個鹿王身七寶色是釋迦菩薩，另一個鹿王是提婆達多。

菩薩鹿王見到國王殺牠的群黨，就向國王建議，鹿兒們每日依次第，各自送來一頭給國王作為食物，於是國王答應說好，就這麼決定。於是二鹿王就各差次送來。

有一天，輪到提婆達多所屬的一頭母鹿，牠就向鹿王請求免死，因為自己固然輪到死罪，可是所懷的鹿子並不該死呀！

提婆達多怒斥曰：「誰不惜命？」仍然要牠去送死。

母鹿感歎自己的鹿王不仁慈，就去找菩薩鹿王，菩薩鹿王為了不要枉殺其子，就慈悲地寧可犧牲自己去送死，把母鹿歸回鹿群。

菩薩鹿王到了國王那裏，國王很訝異，問道：難道群鹿滅盡了嗎？怎麼會是鹿王自己來呢？

鹿王具告其事，說道：若縱不救，無異木石，是身不久，必不免死，慈救苦厄，其德無量！若人無慈，與虎狼何別？

國王聽了大受感動，說道：「我實際上才是禽獸，我是人頭鹿，你雖然是畜生，但卻是鹿頭人（以理為人，非以形體為人），我從今日開始，不食任何有生命的肉類，這樣一來就可以施與無畏給您們，也可以安您的心意。」

從此鹿群得到平安，國王則得到仁慈的信譽。

大師父開示

就大乘菩薩道而言，心中必須有愛，才能與眾生互為道侶，也由於餘留著對有情世界的關懷，菩薩才能留惑潤生，繼續在輪迴中修福修慧，持續修學菩薩道，直至圓滿成就佛果。

菩薩道的愛是出於平等心，以平等觀關愛眾生，把所有的眾生都看成是自己的父母、兄弟、姐妹，家親眷屬等等，希望所有的眾生都能夠遠離苦惱，得到究竟的安樂。慈悲偉大的佛陀，視三界所有眾生如同自己的獨生子羅候羅，百般訶護疼愛，從來都不曾捨離眾生，無論眾生是多麼剛強難化。

菩薩戒中提到「一切男子是我父，一切女人是我母」，這是化解貪染，轉私愛的凡情為大愛的菩薩精神，那是「無緣大慈，同體大悲」的願心，含藏著無染的慈悲智慧。

智慧
19

圓滿

對任何人事物價值觀的判斷，都是自心的作用，
只要擁有一顆圓滿的心，
處處都能幸福美滿。

缺點易見，優點難顯

有個老師在白板上畫了一個黑色的點，問學生們：「請問你們看到什麼？」學生們齊聲回答道：「一個黑點」。

老師繼續問道：「偌大的白板上你們怎麼會只見到一個黑點，而沒有注意到大部份的白色呢？」

不僅是這些學生只看到一個黑點，忽視了比黑點大無數倍的白板，現實生活中很多人也是這樣。眼睛裡經常只看到一個個不如意的『黑點』，忽視了更大的『白板』。

我們是不是在日常生活中很容易忽視了別人的長處，就如同忽視白板上大部份的白色一樣呢！

在日常生活中我們反而很容易看到別人的缺點起煩惱，就如同容易看到那一個黑點一樣是嗎？

大師父開示

由上述這個實驗得知，我們是該多學習常常看見別人的優點，而不去計較別人的缺點，多多包容別人。

「慢」，是指「恃己於他，高舉為性，生苦為業」。一般人都會依於自己的盛勢，以自心的優越感來輕慢他人，這是會帶來日後苦果的報應。為甚麼說輕慢會產生苦果的報應呢？因為恃己凌人的驕氣，會給別人帶來壓迫感，令人不舒服，而招惹敵人，為自己種下來日的禍因。

古德云：「此心常看得圓滿，天下自無缺陷之世界；此心常放得寬平，天下自無險側之人情。」一切的一切都是自心作用，如果您不相信的話，您可以做一個實驗，什麼事先問自己不要問別人，久而久之您就會得到自心妙用的功夫。

智慧
20

利他

利他即是利己，助人即是助己。

與人為善就是創造幸福的妙法。

利他的福報

陳逸、王志兩人服役時在同一部隊，退伍後也在同一家公司上班，兩個人是相當要好的朋友。年輕人都有上進的雄心壯志，也都有不滿現實的滿腹牢騷，他們都希望能夠覓得更理想的工作。

有一天，兩個人在閱讀報章後，得知一家頗具規模的公司正在甄選人才，就不約而同地填好履歷表、自傳，郵寄後三天就接到回信要他們到公司應試，考試後一星期，兩人又接到通知，要他們到公司面談，兩人喜出望外，高興地互相預祝成功。

和他們面談的是位胖嘟嘟的公司經理，一見面就盛讚兩人年輕有為，接著語氣一轉，說道：「二位學經歷相同，考試成績也不相上下，不過敝公司只能錄取一個名額，因此二位當中勢必要犧牲一位，我實在很難下決定，由於您們兩位都是好朋友，所以我希望你們能自行決定⋯⋯。」

回家路上兩人默默無語。當晚陳逸睡不著，第二天一早他終於做了決定，他回了一封信給公司，心中彷彿落下了一塊大石。到了第六天陳逸意外地接到公司寄來的信：「兩位明智退讓，互相推薦對方，不為自身利益著想，此種精神值得欽佩。你們既然能為他人的利益著想，相信你們也都能為公司的利益著想，本公司開會討論後，決定額外多錄取一名。」陳逸哭了，想不到他為王志所做的，也正是王志為他所做的。

大師父開示

這個感人的故事，說明「讓步」不自私地為他人設想，仍是在現代社會所重視的美德。所謂「名關不破，毀譽動之；利關不破，得失驚之」，是指我們若是看不開、放不下「名關」，當面對毀謗和讚歎的時刻，自己行為是輕慢或恭敬，就會心隨境轉，憂喜不安；倘若對「利關」看不開、放不下，當面對得財與失利的時候，也是心隨境轉，喜怒不定。

所謂「與人無爭則人和，與事無爭則事安，與世無爭則世靖」無爭不但可以令我們處眾和合，也可以令事情和平落幕，令世間更清淨。古德也提到：「手把青秧插滿田，低頭便見水中天，心地清淨方為道，退步原來是向前」肯向別人退讓，原來不但不是退步，反而是心量寬廣的展現。

學佛人是不能受「毀譽得失」的影響，有句智慧諺語「名利累人，平淡是真，不爭為上。」這就是修行的下手處。

智慧21

謙下

地窪下，水流之；人謙下，德歸之。

謙下的人讓幸福自然流進來。

不可一世的氣息

曾經有個佛教徒被奉令去機場迎接一位眾所敬重的喇嘛，他在機場看到二位身披藏教袈裟的喇嘛，有一位看起來雄糾糾、氣昂昂，滿臉不可一世的氣息，另一位則是渾身佈滿親和謙下的氣質，且態度恭敬。

他上前一問，才知道那位有傲氣的喇嘛是侍者，而那位態度恭敬的喇嘛反而是尊貴的師長。

他才明白世人常說：「成熟的稻子必然是低垂的。」倘若能夠真正用心於調伏自己的習氣，就會知道自己著實是個剛強難調的生死凡夫，而會掃蕩盡除自憍、慢他的習氣，而變得謙恭和藹。

這件事令他深思謙虛對修行人的重要。

所謂「水深波浪靜，學廣語聲低。」一個真正在自己內心世界用功夫的修行人，只要稍有得力，自然會出現「波浪靜、語聲低」的情境，懂得收斂自己驕慢習氣，氣質變得謙和恭敬。

一般人的眼睛很容易只看到別人的缺點，別人都是妖魔鬼怪，都是貪瞋癡具足的一介凡夫，唯有自己是最高尚，最了不起的！為了對治這種我慢的習氣，印光大師再三強調我們應該要「看一切眾生皆是菩薩，唯我一人實是凡夫」。

如此久久思惟，久久用心，必可去除我慢。然後再學習恭敬三寶(佛法僧)，尊敬師長、父母，對待同輩及周遭的每一個人，也同樣這顆平等恭敬心，如此一來，我們就能止息自我憍逸，及輕慢他人的惡習，養成謙虛和氣的良好品德。

智慧22

無痴

愚癡的人就是不曉得共命共生的道理，

不以自我為中心才能幸福。

上帝請砍斷我一隻手吧

有一天上帝來到人間，祂問張三有甚麼願望，祂都可以令他滿願，但條件是他的鄰居必須得到與他同願的二倍事物，例如張三要一間房子，鄰居就擁有二棟房子，張三要一輛車子，鄰居就擁有二輛車子。

張三聽了之後，想到鄰居會比自己擁有更多，就心生嫉妒。

經過考慮之後，張三竟然對上帝說：「請砍斷我一隻手吧！」

原來他寧可自己倒楣一點點，令鄰居得到二倍倒楣。也不願意看到鄰居比自己多出二倍的好處。

由以上這個小故事可以得知人有多麼自私，總是想到負面的私心，人的嫉妒心真是可怕，難怪嫉妒心重的人，總是福報很有限。

學佛是因為我們現在不是佛，尚未離苦得樂，所以還有給的觀念。如果您現在是佛，您即刻可以享受「常樂我淨」的最高境界，這裡頭已經沒有所謂「給」的念頭。

想想看，當您看到一張屬於自己團體的照片，您是不是先看看照片中的自己呢？老板責罵你的同事和指責你的時候，感受是不是全然不同呢？你會把漂亮衣服留給妹妹，而自己穿比較不好看的衣服嗎？小朋友會不會把自己喜歡的玩具佔為己有，而不願意分享呢？你對待媳婦是否像自己的親生女兒般疼愛呢？你會不會特地留好吃的水果給自己呢？

從生活的點點滴滴檢討起來，大部份的人應該都會承認「我執」的存在，這種深細牢固的「我執」，造成我們心中常懷「憎愛心」而輪迴不已，這就是大家在修道路上要共同突破的敵人。

智慧23

捨得

要幸福就必須學會捨得，有捨才有得。

要提昇幸福指數，就要捨得徹底，

無所得才是真得。

想得到反而得不到

閻羅王問兩個人，請他們說說對來生有什麼願望。

其中一個就說：我要當一直接受的人。

另一個人卻說：我要當一直布施的人。

結果閻羅王就派這個說要一直接受的人投胎去當乞丐，讓他一直接受別人的布施。

而另外派這個說要一直布施的人投胎當富豪，如此一來他就可以一直做布施。

由此可知施比受有福，有能力布施是件好事，表示自己有能力，布施越多顯示自己能力越好。

「財慳、法慳」是指吝於財物與法義之施捨，稱作二慳。在《瑜伽菩薩戒》中是第二條重戒，制定佛弟子對於求財、求法者不可以慳吝資財和法義，經云：「若諸菩薩現有資財，性慳財故，有苦、有貧、無依、無怙、正求財者來現在前，不起哀憐而修惠捨；正求法者來現在前，性慳法故雖現有法而不給施，是名第二他勝處法。」

其輕戒也提到懷嫌恨心不施其法。經云：「若諸菩薩安住菩薩淨戒律儀，他來求法，懷嫌恨心、懷恚惱心，嫉妒變異不施其法，是名有犯有所違越，是染違犯。」《梵網經菩薩戒》的十重禁戒也有慳惜財法戒：「若佛子自慳，教人慳、慳因、慳緣、慳法、慳業。

而菩薩見一切貧窮人來乞者，隨前人所須，一切給與。而菩薩以惡心、瞋心，乃至不施一錢、一針、一草；有求法者，不為說一句、一偈、一微塵許法，而反更辱罵者，是菩薩波羅夷罪。」由此可知，菩薩道十分重視布施，而慳吝正是菩薩行者所必須對治的煩惱，而被列舉為重要戒條。

智慧24

憐憫

仁慈的氣息永遠是一個人心靈高尚的標記。

憐憫心是幸福的催化劑。

清淨心即是相應心

有位叫做無著的唯識論師，想要見到彌勒菩薩，成就慈心三昧，他一個人在山上閉關精進用功。三年後，無著看到自己還沒有成就三昧，就退了道心想要下山，在下山的路途中，他看見一個人很有耐心，想要把鐵杵磨成針，內心深受感動。

他就再度入山閉關用功，又隔了三年，無著又灰心地想要下山，這回他見到涓涓流水居然也可以穿石而過，又重新啟發他的願心，再度入山繼續閉關修行。三年又過去了，無著修習慈心三昧依然沒有結果，還是沒有辦法見著彌勒菩薩，於是他又再度下了山。

這次他在路旁看見一隻病狗，身上佈滿傷口，傷口還有許多蛆，無著起了同情心，想要救這條狗。但是要救這條狗就得先把蛆弄走，但是蛆離開傷口也會餓死呀，蛆也是活生生的生命，總不能也把蛆給弄死了，要如何做才能救狗又救蛆呢？

無著想了想就只能割下自己股上的肉，給蛆另一個生存空間。但要如何把蛆弄到那塊肉上呢？無著就伸出他自己最柔軟的舌頭，想要把蛆舐到肉上，就在他正要舐蛆的時候，病狗不見了，彌勒菩薩笑哈哈地出現了！

無著很納悶，為何自己閉關用功良久，彌勒都不現身，反而在救病狗的時候，彌勒才出現呢？彌勒菩薩就告訴無著：你救病狗、救蛆的時候，是從清淨心中生出慈悲心，當您佈滿慈心的時刻，與彌勒菩薩本懷相應，等同彌勒菩薩慈心再現。

大師父開示

受持讀誦《大方廣佛華嚴經。淨行品》助長我們發大慈悲心。

經中云：

若見池沼，當願眾生，語業滿足，巧能演說。

若見汲井，當願眾生，具足辯才，演一切法。

若見涌泉，當願眾生，方便增長，善根無盡。

若見橋道，當願眾生，廣度一切，猶如橋梁。

若見流水，當願眾生，得善意欲，洗除惑垢。

若見修園圃，當願眾生，五欲圃中，耘除愛草。

若見無憂林，當願眾生，永離貪愛，不生憂怖。

若見園苑，當願眾生，勤修諸行，趣佛菩提。

經文的每一句「當願眾生」，都是提醒我們隨時思維所見所聞，不敢只為己想，在每一個念頭中，都期望眾生得到種種的善處、利益。如此用心，我們就能開展出大悲心，護念眾生關懷別人。

智慧
25

清淨

人的心清淨，看什麼都清淨。

要幸福就要有一顆清淨心。

意念清淨就是護生

鴦竭摩羅在出家前是個殺人魔王，當他遇見佛陀之後善根成熟，成為一個持戒嚴謹的出家人。有一天，他在托缽乞食的路上，看到一個孕婦正準備生產，生產的痛苦令這位婦人一直哭叫。

鴦竭摩羅十分同情這位產婦，但是不知如何幫助她，他就去問佛陀這件事情，佛陀回答道：「可以運用你打從出家修道以來，未曾動過一念殺心的功德迴向給她，幫助生產的婦人減輕痛苦。」

鴦竭摩羅由此得知，保持意念清淨，就是護生功德。人沒有瞋恨的念頭，內心的功用就猶如法水般的清流，像似明礬作用可令濁水澄徹清淨。

《大寶積經》裡頭提到一個相當重要的觀念，「對於破戒人生大悲心」可以累積無量的福德莊嚴。為甚麼呢？因為對於貧賤、孤寡、急難，我們往往比較容易付出悲心，想要救拔他們的苦惱，但是對於破戒的惡人，倒是不見得容易起悲心。

以空慧觀照破戒與持戒，方能入平等無差別相，空一方面是指無實體性，另一方面是了知緣起之理，破與持都是自己的事情，對當事人而言如人飲水冷暖自知，離不開自作自受之理。因此能以空慧觀待破戒修行人，反而容易起憐憫心想幫助他。

破戒人，只要肯懺悔改過，同樣可以成為世間至善之人，甚至成佛做祖。對我們而言是一面最好的鏡子，應思維這是菩薩示現給我們看，必須以他為借鏡，驚覺自己的道業是否有同樣毛病，好好檢討自己。保持這個學佛態度，不但可以做為正面提昇的力量，對於破戒的惡人生起大悲心，累積無量無邊的福德資糧。

智慧
26

菩提

自己醒過來，又能幫助別人覺醒，

這是最圓滿的菩提。

幸福就是圓滿的菩提。

與佛無緣的四種心

佛陀時代有個上根利智的在家優婆夷勝鬘夫人，她在聽聞佛法之後，即發了大乘菩薩道的菩提心，在佛陀面前立下誓願：「世尊！我從今日乃至菩提，於諸尊長不起慢心。世尊！我從今日乃至菩提，於諸眾生不起恚心。世尊！我從今日乃至菩提，於他身色及外眾具，不起嫉心。

世尊！我從今日乃至菩提，於內外法不起慳心。」她的願心廣大非常了不起，從立願的那一天開始，乃至證得佛果為止，都不對眾生起這慢、恚、嫉、慳四心。這等於是她當下成佛了，因為從現在到未來都圓滿了。可見起了慢、恚、嫉、慳四心，與成佛無緣。

《增一阿含經》云：「不殺無害心，亦無勝負意，行慈普一切，終無怨恨心。」短短的一個偈頌，就說明了佛門深廣的慈悲心。每個眾生都有愛惜自己性命的本能，如果我們剝奪了他們的性命，就會引起牠們怨懟，因而結下惡緣。於是修行人依於不忍眾生苦之悲心，即可止息殺害眾生的念頭。

不殺生是發起悲心的第一步，其次再培養自己不損惱眾生心，面對周遭的每一個有情眾生，都能心懷悲愍，不忍心傷害。偈頌中「無勝負意」十分重要，是指沒有彼負我勝的想法，不再爭強好勝，身心自然解脫自在。文中還提到要以慈悲心面對每一個眾生，至始至終都不對他人懷有絲毫的怨恨心。起了怨恨心慈悲心就不見了，智慧也沒了，等於自廢武功，什麼也沒了。修行要精嚴！否則一念不慎，全盤皆輸。

智慧
27

善巧

直線不能行駛，要懂得轉彎繞道，

就能抵達目的地。

生活中要懂得善巧就能幸福。

觀音瑪麗亞

日本江戶幕府時代，君王下令只能信奉佛教，倘若天主教等異教徒被捉到，就必須對著耶穌的神像踏過、吐痰，才允許繼續留在日本，否則就得被流放到其他地方。

日本的天主教徒都很苦惱，有一位神父就虔誠地祈求聖母瑪利亞，希望可以保留他們的信仰。有一天，這個神父夢見了觀世音菩薩，觀世音菩薩告訴他，可以將聖母瑪利亞的塑像，塑得很像觀世音菩薩，叫做「觀音瑪利亞」。

要祈禱的時候，就以祂作為聖母瑪利亞，如果不幸被人懷疑，必須對著聖像踐踏、吐痰的時候，您就當她是觀音菩薩。

結果這尊「觀音瑪利亞」幫助了許多基督教，及天主教信仰者，讓他們能夠繼續保持信仰。這尊「觀音瑪利亞」在佛教界則被稱為「瑪利亞觀音」。

這故事告訴我們「佛菩薩無我的智慧」，當面對如此兩難困境，要能善巧方便，去除「我法」二執。面對侮辱、踐踏、吐痰等等惡境，自己要直下承擔，這種「惡事向自己，好事予他人」的精神，就是佛菩薩的心行。

《普賢行願品》有一段令人十分感動的經文，經云：「願眾生常得安樂，無諸病苦，欲行惡法皆悉不成，所有善業皆速成就，關閉一切諸惡趣門，開示人天涅槃正路。若諸眾生因其積集諸惡業故，所感一切極重苦果，我皆代受，令彼眾生悉得解脫，究竟成就無上菩提。」充滿祝福的普賢行願，祈願眾生恆常得到安樂永離病苦，想要做的惡事令他都不能如願，所有的善業都能很快成就，所有眾生都能離開惡趣不再受苦，到達人天涅槃之道。

如果有眾生因為惡業將感得極重苦果，我可以一一代受，令他們都能夠得到解脫，究竟成就圓滿佛果。這是大菩薩悲心的自然流露！眾生的苦果他都願意代受。如果學佛人同樣發這個願心，在生活中怎麼可能還會計較人我是非呢？

智慧28

慈心

慈愛心，是讓人人都能通往快樂的道路。

慈愛心，是幸福的基石。

阿迦曼尊者的慈悲

阿迦曼尊者是一位已經成就果位的比丘，有一次，他和另一位比丘來到一個山地村落，因為那裡的人很少與外界來往，沒有人信奉三寶，所以就不知道比丘是佛門的修行人，他們很訝異兩位比丘奇異的裝扮和行為，待他們頗不友善。

更過分的是村長召集村民們，指這他們兩位比丘說是老虎偽裝而成的，會傷害村民，因此要村民小心戒備。阿迦曼尊者以神通力知道這件事情之後，對他的同伴說：「如果我們就此離開，他們將因為毀謗阿羅漢聖者，而遭遇多生多世投胎當老虎的命運，所以我們必須忍耐，不能離開，直到他們開始信奉三寶，修學佛法為止。」

於是他們倆就在村民們的猜忌和監視下，過著餐風露宿的生活，監視的村民們，一致覺得他們不像老虎，就派人和他們談話。阿迦曼尊者就趁機會向他們傳佈佛法，教他們修行止觀的方法，結果全村不論男女老幼，都在尋找「佛德」。不久，一名男子修行有了成就，他曉得眼前的尊者來歷不凡，透過這些因緣，全村的風氣全然不同，開始信仰三寶了！

古德云：「寧讓人，勿使人讓我；寧受人氣，勿使人受我氣」。學佛人面對利害關係之際，寧可自己先對別人讓步，不要等別人對自己讓步；寧可受點委屈，也不要讓別人從自己受到委屈。

所謂「欲為佛門作龍象，先為眾生作馬牛。」每位祖師大德與諸佛菩薩一樣，都是在因地上發心先救護眾生，令眾生離苦得樂，眾生方能受其教化。釋迦牟尼佛在娑婆世界上，沒有一個地方不是他曾經捨身布施之處，所以至今他的遺教仍流傳不斷，利益著我們的法身慧命。所以欲為佛門作龍象，得先為眾生作馬牛。

《四十二章經》經文中特別提到以善待惡的內容：「人待吾以為不善，吾以等慈護濟之，重以惡來者，吾重以善往；福德之氣，常在此也，害氣重殃，反在於彼。」古德亦云：「人待我狹隘，我待之寬宏。人待我險測，我待之坦蕩。」

大師父開示

當別人以惡言惡語向著自己的時候，我們應當觀想這位菩薩很慈悲，現怒目金剛像來考驗我的菩提心，感謝他犧牲自己的色相成就我的道業。克實而論這是我們培養福德的管道，從存心仁厚中培植修道資糧。

阿迦曼尊者能夠成功佈教，乃是起源於那一念不忍心，不忍眾生受苦報的慈悲心。可見慈悲不是寫在紙張，也不是談在嘴巴、聽在耳朵而已，它需要透過我們的身口意去表達真正的含義。

智慧29

覺知

覺知就是隨時隨地保持清醒，不被外境所迷惑。

幸福就是要有覺知力。

沙門的志業

釋迦世尊當悉達多太子的時候，曾經出遊四城門，了知人生原來有生老病死的苦惱，而當他遇到一位沙門。

那位沙門告訴他修道人的志向所趣，這時他發現沙門的志業，才是他趣向的心志。

當時沙門是這麼告訴悉達多太子：「沙門者：捨離恩愛，出家修道，攝御諸根，不染外欲，慈心一切，無所傷害，逢苦不慼，遇樂不欣，能忍如地，故號沙門。」

悉達多太子回說：「善哉！此道真正永絕塵累，微妙清虛，惟是為快！」

一轉眼，那位沙門就消失了！

太子認為這是過去諸佛來點化他的，他即刻立定堅決的志願，非要去出家不可！

大師父開示

慈心一切，無所傷害，是修道必備的態度。古德云：「恰似木人看花鳥。」是指當我們面對一切境界，心中乃空空如也，不存戀任何人事物，既使是看到嬌艷的花兒，美麗的鳥兒，除了盡情欣賞之外，心中絲毫不會受貪戀的情緒所影響。

人本來就具有覺知的能力，祇是有修持的行者，心理很清楚內外的種種境界，不著迷於境而已，而不是要你做個木頭人。

成就聖果之後，並不是得到了什麼？淪落娑婆作為凡夫，聖性也絲毫不失。

與帝王將相同行，也不以為榮，與販夫走卒同行，也不以為辱。

領會到這個「無得無失」的道理，就可以看淡「得失榮辱」，而有「無榮無辱」的恬淡心境。

智慧
30

讓得

滿招損，謙受益，能謙讓才能養福德。

福德就是未來的幸福。

寧讓人，勿使人讓我

有一個年輕人正要過獨木橋時，剛走幾步！不巧對面已有一位孕婦走來，於是他很有禮貌地轉身，走回橋頭讓孕婦先過。待孕婦走過之後，年輕人又走上了橋，但走到橋中央巧遇一位挑柴的樵夫，年輕人又回到橋頭，讓樵夫先過橋。

第三次，年輕人不敢貿然上橋，觀看獨木橋上確實無人行走，趕緊匆忙上橋，加速腳步快到橋頭的時候，迎面而來的是推著獨輪車正在趕路的農夫。年輕人這下子心想，好不容易等到這個機會，這次不願意再讓路了，很客氣地向農夫說道：「先生，我就要到橋頭了，能不能讓我先過去？」農夫不理，說道：「你沒看到我正推著車趕集嗎？」兩人互不相讓，這時河面上浮來一葉小舟，舟上坐著一位僧人，兩人則請僧人為他們評理。

僧人問農夫道：「你真的很急嗎？」

農夫回答：「我真的很急，晚了便趕不上市集了。」

僧人回答：「你既然急著趕集，為何不儘快讓年輕人過橋呢？你只要退幾步即可，年輕人和你就可以過橋了。」農夫一言不發。

僧人又笑著問年輕人：「你為甚麼要農夫讓路？」

年輕人爭辯道：「在此之前，我已經讓了許多人，若繼續讓農夫，我便過不了橋。」

僧人反問道：「你既然已經讓了那麼多人，再讓農夫一次，即使過不了橋，起碼保持了你的風度，何樂而不為？」此語說得年輕人滿臉通紅。

大師父開示

古德云：「寧讓人，勿使人讓我；寧受人氣，勿使人受我氣」。學佛人面對利害關係之際，寧可自己先對別人讓步，不要等別人對自己讓步；寧可受點委屈，也不要讓別人從自己受到委屈。

有句話說：「學習吃虧能養德」，有時吃點虧並不是壞事，我們可以從吃虧當中累積生活智慧，從吃虧中學習處世的進退。

尤其人與人的相處，難免有不平等的現象，但吃虧並不表示真吃虧，俗話說得好「福禍相倚」，有一失必有一得，有時候吃虧可以保住生命，可以降低傷害、可以救人、可以減少災難．．．可以挽回局勢等等。如此看來，吃虧並不吃虧，吃虧反而是養德的好機緣，吃虧更是智者的風範。

智慧31

如來

每個人都有自己的才能，

善用就能讓自己發光發熱。

如來就能幸福。

魔術方塊觀人術

某公司召募員工，來面試的人老闆都拿魔術方塊給他，請對方板成六面六色的狀態，做為評鑑標準。老闆的兒子不禁好奇，問父親道：「為甚麼要拿魔術方塊來考試呢！有甚麼作用？」

老闆說：「魔術方塊現在已經退流行，一個有創意的人，會讓物品恢復新生命；沒有創意的人，可能就放棄或排斥。若完全沒有半點排斥的想法，而能老實以對，未來才能委以重任。從他們的反應，我可以知道他們適合甚麼樣的工作，能不能為公司帶來商機與創意。」

甲先生拿到魔術方塊後，當著老闆的面，將魔術方塊全部拆掉，重新安裝，而把六色六面全都併裝好。老闆點點頭說：「你是個敢做敢當的人，很適合幫公司開拓市場。」

乙小姐對老闆說：「可以給我六種顏色的油漆？」老闆點頭，乙小姐便將魔術方塊的每一面漆成同一顏色，並將它交還給老闆。老闆說：「你很有創意，可以勝任軟體研發的工作。」

丙先生面對老闆的考題，一時無法回應，利用兩天的時間問人，第三天一早，再回到公司找老闆，老闆也因他善於運用外面的資源、人脈完成任務，決定聘他為客服人員。

另一位丁先生五天後才回來找老闆，他面紅耳赤地說：「對不起，我無法完成。」老闆哈哈大笑，拍著他的肩膀說：「難得你如此誠實，你適合幫公司管理財務或保管工作。」

大師父開示

高希均教授有句話說：「用對的人，放對的人，做對的事。」這是領眾的妙方，是一門深奧的學問，也是一個企業成功致勝的關鍵。在瑜伽菩薩戒的輕戒中，有一條戒是提到，倘若見人有功德而不隨喜讚揚者，就犯此輕戒；倘若基於嫉妒他人得到名聞利養而自讚毀他，毀犯了瑜伽菩薩戒的第一條重戒。

由此可見，佛門的菩薩行者，是應該培養隨喜讚嘆的心量。慳貪和嫉妒這二個煩惱皆與名利脫不了關係，一般都是因為貪名利才生起慳吝，依於慳吝就會嫉妒他人得到名利，古人云：「不見他長，惡也；見而掩，惡之惡也」就是這個道理。

看不到他人的長處，就是自己的負面心重，這是壞習性；如果明明已經看到別人的長處，可是又把它掩藏起來，那更是壞習性中的惡行。

智慧32

捨心

千金散去還復來，吃虧就是佔便宜。

幸福從施捨心開始學習。

我給你殺

有一次，有個叫做菩心的人，看了《點亮心靈之光》與《西藏生死書》有關施與受的自他交換之理，內心非常感動，他就決定要修習，把書中重點整理成修持的儀軌，觀想所有我愛的親人，我曾傷害過的，要來傷害我的，以及所有的生命，他們正在痛苦中掙扎，觀想他們的痛苦全部由我承擔，我的快樂全部施給他們，他們需要甚麼，我就想像成自己是如意寶珠，而變成他們所需要的一切。

那天早上我在專心修習，讓自己的內心真正興起感受。晚上睡覺時，我夢見有人來敲門，在夢中的第一個念頭，就是有人要來傷害自己，我很害怕，問那人說：「你是誰？」那個人說：「我是殯儀館的人，要來收屍的。」我更害怕，問誰要殺我，他的頭轉向門邊，我看到二個要殺我的人，我恐懼到極點，依平常白天的反應，有誰要傷害我，我馬上就想到要對付他們、反抗他們，讓他們不能傷害我。

但是在夢中我無法對付他們，這時我內心恐懼到最高點，好像要窒息，但突然之間我想到白天所修習的方法，當那些要來傷害我的人，他們要什麼，我也應該給他們，如果他們要我的性命，我也要把自己給他們，當我生起要把自己給他們的念頭，突然夢境消失了，我從一片祥和之中醒來，這是我內心從來沒有體會過的經驗，清晨的陽光正輕輕柔柔地灑滿我全身。

《成實論》說：

一、從無始劫以來，我們的「貪瞋癡」這三不善根，已經扎得又深又緊，所以說「久集瞋使乃至成性，故瞋恚生。」

二、智力劣弱故，瞋恚生：自己的定力及智慧力不夠，一面對境界，就像細樹枝條般，被風一吹就愰動不能自主。

三、喜念他過，所以生起瞋恚：這點學佛人需要特別留心，因為我們在敏銳的觀照力之下，容易察覺他人的起心動念，而自心的貪瞋癡同時容易被勾起，內心也就容易起輕慢、瞋恚。由於一般人都容易產生這種喜念他過的煩惱，難怪弘一大師要開示「以律人之心律己」的道理了！

四、貪心與瞋心是一體的兩面，起瞋心是因為心有所貪求，得不到貪求的順境就會起瞋恚心。

智慧
33

佛性

佛性是用來覺悟生命的實相，

用佛性過日子就能幸福。

鴨子的原則－盡力就好

聖嚴法師小時候有件事對他影響很大，有一次父親帶他經過一條河邊，正好有一群鴨子被驚動，而下河游向對岸。

父親說：「孩子啊！不論大鴨小鴨，大路小路，都能游過河，如果自己不游，就沒有路可走，也過不了河。孩子啊！做人也是這樣，不管才能大小，不論地位高低，只要盡心盡力，總會走出一條路來，不必羨慕別人，也不要小看你自己。」

這件事對證嚴法師影響很深。

大師父開示

佛弟子大都希望能夠遇到一尊真佛，真菩薩、真聖人，可以聽他說法領悟真理，恭敬侍奉供養培福修慧。依真如緣起法則，一真法界性人人本具，在凡不減，在聖不增，本來平等無異。

凡夫乃因迷惑顛倒而不自知，只要肯回頭反觀自性，唯有自心迷於境，境體本無迷悟，了悟諸法本無生，一切怡然自得。人人都可以是真正的佛，真正的菩薩，真正的聖人。

自己周遭至親與諸佛菩薩本無異，恭敬侍奉供養自己的父母、家親眷屬，等同供養諸佛菩薩，功德無有增減。

智慧 34

空性

一切人事物的本質都處在分秒的變異中，

只是暫時性的存在，

佛陀說這是空性的作用。

只要你不執著就能幸福。

讓月光自己走進來

有個老和尚想要傳衣缽給他的徒弟，就挑選出其中三位比較優秀的弟子來到眼前，對他們說：「我給你們一人一文錢，你們想辦法買到可以把我的方丈室填滿的東西。」

第一個徒弟買了很多稻草回來，老和尚就說：「稻草雖然便宜，也可能填滿方丈室，但是方丈室會因此變得雜亂骯髒。」第二個徒弟則是買了一支蠟燭回來，點燃蠟燭時，燭光就照滿了整間方丈室。

老和尚點點頭，繼而問那個在打坐而不出門買東西的第三個徒弟道：「你以什麼填滿方丈室呢？」這第三個徒弟一言不發，就推開方丈室的門窗，門窗外的月光就這樣灑滿了整間方丈室，老和尚就很高興地把衣缽傳給了第三個徒弟。

什麼是空性？空性是指沒有一個不變的實體，一切現象都不是真實的，是諸多因緣（條件）的組合體，不是永恆不變的，只是無常的暫時顯象，也就是剎那遷流連續相，因此稱為空性，是暫存的假有，不能對它起佔有心，否則我們必有失去的痛苦，應了知任何執著都是枉然。

有人曾經問廣欽老和尚：「甚麼是空？」廣欽老和尚回答道：「空就是隨緣，空就是看得開、放得下。」因此，能依止空性修學佛法，事事就能隨緣過日，凡事看得開、放得下。六祖說：「本來無一物」，是指無論事情有理或無理，心中有事就是自己不對，不要怪別人，也不必怪環境。「天下本無事，庸人自擾之。」放下就是了。

智慧
35

熏修

如染香人，本來身上沒有香氣，

被香熏染了以後，就有一種香氣。

幸福猶如染香，

不斷的熏修就有一種幸福香氣。

熏習的力量

在華氏國有一頭白象，氣力勇健能滅怨敵。如果有犯罪之人，就命令這頭象踏殺。後來象籠被火燒了，就把象移到另一個地方，靠近一個精舍。

精舍的一位比丘正在誦經，曰：「為善生天，為惡入淵」，象的心地卻有微妙的改變，開始變得很柔和，起了慈悲心。後來再將罪人交給這頭象的時候，牠只是看看罪人，嗅嗅舐舐而已。

國王就召集智臣商議這件事，有一個大臣就建議國王道：「這頭象所繫之處靠近精舍旁邊，必是由於聽聞佛法，才變成柔和慈悲。我們把牠繫在靠近屠坊的地方，這頭象常看見殺害之事，惡心就會變得熾盛。」於是國王就把象繫在屠所，這頭象見到殺戮，果然惡心猛熾，比以往更加殘暴。

大師父開示

這個故事說明了熏習的力量有很大的作用，常常接近慈悲的人，就容易心生慈悲，常常和瞋恚的人在一起，就容易受影響，而變得易瞋易惱；因此佛門很強調要親近善知識，就是這個道理。

就個人觀察所見，佛教寺院的蚊子和山下的蚊子有些不同。怎麼說呢？山下的蚊子會怕人，手一揮牠們就馬上逃之夭夭了，蚊子也有保護生命的本能。但是寺院的蚊子卻很奇怪，不論你吹氣或是甩手，牠們都會等吸飽了血才肯罷休。或許這些寺院中的蚊子們有個共識，牠們知道這些人都有持不殺生戒，一定不會傷害牠們的性命。牠們感受到另是一種特別的氣息，這種氣息來自柔和、寧靜的心地。

智慧36

中道

沒有討厭或喜歡的平常心就是中道。

不落入對立就是幸福的實踐。

平常心是道

師父交待一個小沙彌去山下買一缽油，小沙彌極小心翼翼地端著這缽油走上山，不論他如何謹慎，這缽油回到師父那裡，只剩下半缽油，路上已經溢出不少油了。

不久師父又交待他，去山下買一缽油回來。小沙彌這回更是小心翼翼，但是油仍然潑了出來。

這時候有個老人就對小沙彌說：「你想要不讓油溢出來，最好的方法，就是保持你平常走路方式，平常你怎麼走路，捧油時你就怎麼走路，不必太緊張，這樣子油反而不會溢出來。」

小沙彌就按照老人的教法，果然很平穩地把一缽油捧回去給他的師父。

當小沙彌告訴師父那個老人教導的方法後，老和尚就語重心長地說道：「果然平常心是道啊！」

大師父開示

佛法教導我們要中道觀，貪著名利固然是凡夫俗子之行，但極力揚棄名利也是一種偏執，很容易被誤解為「以淡泊名利來達成沽名釣譽」，或以此博取清高聲譽為目標。

面對「名利、美色」當前，聲聞佛法教示我們要遠離名利、美色，視為不淨；大乘佛法則教導我們以平常心看待，視為如幻如化、虛妄不實，不垢不淨。名利不必追求，也不必排拒，名利、美色本身無罪，不欣不厭纔是中道行。就大乘菩薩度眾方便而言，反而應用「名利、美色」廣度眾生。

智慧37

心力

多一份心力去關懷別人，就多一份幸福的力量。

心力是關鍵

有一師父和弟子，在深山中看到一隻狐狸正在追著一隻兔子。

弟子對師父說：「我猜，兔子一定會被追上。」

師父回答道：「不一定。」

弟子問師父；「為什麼？狐狸跑得比兔子快阿！」

師父回答說：「因為兔子的逃跑，是為了保全自己的生命，而狐狸的追趕只是為了一頓午餐而已，如果兔子逃命的心力夠強，就可能躲得過狐狸的追捕了。」

同樣的道理，假使我們了生脫死的心力夠強，就像兔子要逃離狐狸的追趕一樣，就不會悠忽度日，會積極的把握時間用功，時時刻刻保持正念正知，一切境遇了了分明。

凡事即時的力量最有效，事情拖久了反而要發更多的代價來處理。俗話說：「酒放久了會香，病擱久了會越嚴重。」自己犯的錯誤也是一樣的道理，必須即時懺悔改進，錯誤就容易得到改善。

修行人最初的過失在於起心動念，當發現起心動念不對，一定得馬上責心懺悔，最好的方法是發露懺悔。我們可以對著自己的學長、或者上師，鼎白自己的過失。假使當下找不到長輩或老師，也可以以方便法在佛像面前發露懺悔。

一般人受到損害時往往會懷恨在心，只要來日有機會必加以報復。可是報復不但不能恢復自己所受的傷害，怨怨相報反而積怨愈深，輾轉鄉相續無有了期。所以經上說：「不可以怨止怨，終已得休息，行忍得息怨，此名如來法」，強調只有忍辱纔能止息所有的怨惱。

智慧38

正定

世界上沒有奇跡，只有專注和聚焦的力量。

專心一意就能打造幸福。

眾響皆寂，不復為擾

憨山大師三十歲在北五台龍門修行，在初夏大風猛吼，萬竅怒號，冰塊漸漸地消融了，大水衝擊著山澗；奔騰的暴流猶如驚雷一般。憨山大師在寂定中受到這雷鳴般的聲音幹擾，功夫也受到影響。

於是向妙峰大師請教，如何才不受境界擾亂的方法。妙峰大師對他說：「境界的生滅變化，是任意識攀緣而生，並非從外而來。聽古人說：『三十年聞水聲不轉意根，當證觀音圓通』。」

自此憨山大師每日坐在溪流急湍的獨木橋上鍛煉。開始坐時，水聲宛然，時間一久，動念時聽到水聲，不動念就聽不到了。

一日，大師在獨木橋上靜坐，忽然之間忘卻身體，一切聲音頓時消失。從此以後，雖然聲音如雷，再也不能擾動大師的靜寂心境了。

大師父開示

所謂：「三衣一缽萬里遊，方知不離方寸間。」此話是說不論我們如何參學，如何請教善知識佛法、如何學習打坐、如何閱讀藏經，我們終將會發現，其實學佛要領，就在於清淨自心「總教此心比日月，莫令方寸染纖塵。」

經云：「天龍恭敬，不以為喜。」是指人處於順境當前的時候，莫得意忘形。當內心一眷戀美好的音聲，遇到境緣稍微變化，你自己就會生起苦惱。所以要訓誡自己「聞讚不喜」的淡泊性情。

智慧39

無慢

傲慢是一種得不到支持的自滿。

沒有慢心就能貼近幸福。

敬師如佛

有一群學生跟著藏傳佛教著名的尊者密勤日巴學佛，其中有一位優秀學生岡波巴，要離開尊者向別處去參學，特來向他告別。

岡波巴問尊者：「我甚麼時候才可以當老師教授學生呢？」

密勤日巴尊者答道：「當你對待眼前這位老師如同佛陀一般的禮敬，你就可以教授學生了。」

尊者這番話就是要岡波巴「敬師如佛」。

學佛得去除慢心，否則很難成就，因慢心如高山法水終不留，可見慢心是學佛的一大障礙。

因此，想要去除慢心就得從「敬師如佛」做起，以恭敬善知識如同侍佛的態度，培養出恭敬一切眾生的心，當自己已經能夠看待一切眾生如佛，自己也離佛不遠了。

古人云：「見人敬慢，輒生喜慍心，此皆外重者也；此迷不破，心中冰炭一生」。

這句話指出，如果我們容易依於別人對自己是恭敬或輕慢，而起歡喜或惱怒的心念，就表示我們很注重外在的境界，如果沒有辦法超越這種迷惑，永遠都是生死凡夫。

智慧
40

心平

心平氣就和，心平身就安，

心平道就隆，心平自然就幸福。

劍道的最高境界

為人處事不要在意成果勝敗，應該計量事情是對還是錯，也就是必須明計是非。日本的第一大武士，有一次參加全國性的比賽，在大決賽中擊敗勁敵，有人問他原因何在，他表示不是他的武術特別高超，是因為這位勁敵極佩服他的態度。

這位落敗的武士說道：「他不但劍術極為高超，修養也是一流，在他渾身上下，感受不到他有獲勝的慾望，當我發現他沒有絲毫的勝負心，我就不得不承認自己輸給了他，因為他是一位真心學劍人，知道沒有勝負心是劍道最高境界。」

大師父開示

人能不存勝負心，就可以活得自在。能夠降伏勝負心，就能與佛法相應。有憍慢習氣的人，很容易與別人較量高下。有爭強好勝想法的人，總是希望自己比別人高明，比別人成功。這種勝負心能令我們生起覆、誑、諂、嫉、慳、瞋、慢等等煩惱。所謂「是非皆因多開口，煩惱皆因強出頭」，多開口（說不該說的話）容易招惹是非。凡事想要出頭爭勝，不肯虛心謙下，這即是煩惱的根源。

世間大多數的人不肯吃虧，只想佔人便宜，而佛門正好相反，卻是勸人學吃虧、學退讓。因為吃虧並不吃虧，佔人便宜並不表示真的得了便宜，一般人自以為得了便宜，卻不知道自己已多增長了一份貪心，將來臨命終面對自己的時刻，心必如刀割，因為心中抓的越多，要捨掉的東西必然也不少。趁活著的時候，應早日訓練自己看得開、放得下，凡事不必太計較，學吃虧少負擔，人生路上好自在。

智慧41

無貪

貪是貧窮的因，困苦的源頭。

不貪才能擁有，無貪才能幸福。

一根蜘蛛絲能救多少人

記得上小學的時候，上過一篇叫做「蜘蛛絲」的課文，是說有個無惡不作的大壞人，有一天逃亡到森林，對一隻地上的蜘蛛動了善念，細心地將牠放生。這惡人死後墮入地獄要受苦報，佛陀慈悲念他做過這件善行，就從淨土的蓮池中以蜘蛛絲垂到地獄，直到他身旁以便救護。

他見到蜘蛛絲上端是一片光明，心中大喜，急忙捉住蜘蛛絲往上爬，快到盡頭的時候，他突然發現底下有許多地獄的眾生，也跟著他攀附在蜘蛛絲上，一直不停的往上爬，他慳吝的惡心再度萌起，大聲嚷道：「喂！你們這些壞人！蜘蛛絲是我發現的，你們怎麼可以跟上來呢？」話剛說完，蜘蛛絲就從他手上斷掉，大家又再度墮入地獄受苦。

佛陀看到著這一幕，也不禁感歎！眾生心佈滿慳貪惡念，真是不易度化！如果那個壞人願意放下自度的慳吝心，讓大家一齊依靠蜘蛛絲得救，可能早就脫離地獄，不必再煎熬受苦了！

大師父開示

慳吝其實就是貪愛心，由於內心貪「住處、家宅、布施、稱讚、法義」等等，起了堅固執著不捨的念頭，不願意和他人分享，希望自己可以單獨享有自己喜歡的東西。當別人拿出東西與眾分享的時候，他又希望自己能獲得最好的。所以貪愛的內涵大致上離不開名利，由於貪求名利，就會吝於分享，因此起了慳吝心。

當我們面對分享的是自己所慳吝的東西，這時候就會生起嫉妒心。慳吝和嫉妒心有很大的關係。阿美會嫉妒其他女子的美貌，那是因為她希望自己是最美麗的，她慳貪於美貌，就會嫉妒她人美貌；明達會嫉妒他人受到讚美，那是因為他對讚美有慳貪的心念，希望獨自享有讚譽，因此每當他面對別人在分享掌聲時，自己就會生起嫉妒心。

止息內心的欲求，必須淡化「貪愛心、名利心、眷屬心」，以學習布施開拓自己的心量，久而久之即能革除慳吝心，一但沒有了慳吝心，嫉妒心也就破除了。

智慧 42

直心

直心的人不拐彎抹角、不說謊、不欺騙。

正直就是一種幸福。

正直有福

有雜誌刊登過這麼一則事實：醫院要徵求一名護士，不少女子來應徵，小美也去了，院方要求她參與協助一次手術的實務，她同意扮演這次手術助理，並認真地幫忙著。

手術進行到最後要縫合傷口的時刻，必須先清點棉花球，小美發現只剩下十九個棉花球，還有一個棉花球怎麼找都找不到，但是其他醫生正要縫合傷口，小美輕輕地反應醫生們少了一個棉花球，結果醫生們沒有反應，她著急了，因為棉花球可能遺留在患者傷口當中，如果被縫合在傷口裏頭，那麼這下子病人可不妙了，她不顧及自己是否會被錄用的疑慮，鼓起勇氣再度向醫師們反應此事，就在她重複說完此事之後，主治醫師笑一笑回頭對她說：「恭喜妳！妳被錄取了。」

原來那是醫師故意要測試護士們是否正直，了解護士是否切實有愛心地為病人著想，倘若護士害怕得罪醫師，而不敢開口表明棉花球仍留在傷口，那麼不但違背良知，人命關天纔是最嚴重的事。

大師父開示

諂媚是出於一種諂曲，不正直的心態，是擾攘的混濁心念，在靜坐的時候會障礙禪定，令內心無法澄清寧靜。世間有智之士，也都知道諂媚不是君子的行為，何況學佛之人，更不應該有這種心念。

孔子曰：「巧言令色鮮矣仁」，以諂媚他人為恥，是不仁厚的行為，君子以正直為取。由上面的故事可以知道，正直誠懇的特質，纔能獲得社會的肯定與敬重。

能夠謙虛又有自信，是健康人格的展現。

就一般人而言，對自己充滿自信就不容易不虛心，而比較謙虛的人又會缺乏自信。事實上我們可以做正面性的聯結，想一想自己所擁有的長處，這樣會對自己更有信心，但也得知道自己的缺點在那裡，而能夠虛心學習改進。

對別人也應是如此，給人信心，給人溫馨。

如果能夠扮演善知識的角色，啟蒙周遭有緣人，讓他們也像自己一樣懂得謙虛，並且給他們成長空間，令他們擁有自信，那就更棒了！

智慧
43

正念

心無邪即是正，正念的人不胡思亂想，
也不會想太多，這樣的人最幸福。

黑白豆的法門

有個老婦人其實自己有不少缺點，但是她自認很善良，修養很好，為了令自己更進步，她就請教她的師父如何修行。老婦人的師父為了教化她，拿了二個盤子給她，一個是空盤子，另一個盤子則裝滿了白豆、黑豆。師父說：「當妳起心動念或者是言行舉止，屬於善的就放一顆白豆在空盤子裡。而如果是惡的就放一顆黑豆到空盤子，一天下來妳就知道自己的清淨程度如何了。天天如此計算，如果白豆愈來愈多，黑豆愈來愈少，那就正確了。」

老婦人回家後，就按照師父教導的方法去做，認真地依自己的善惡業放黑白兩豆。一天過去了，老婦人發現自己的黑豆居然有這麼多，而白豆是那麼少；老婦人發起大慚愧心，決心要洗心革面，培養自己的善念。在她努力修行之下，終於白豆與黑豆差不多，再經過一段時間的努力，白豆竟然比黑豆多，乃至黑豆只有一些些而已。

大師父開示

這個小故事的背後道理是什麼呢？原來修學佛法的第一步必須先看到自己的錯誤，承認自己是個習氣深重的壞人，從日常生活中培養善念增長慚愧心「律己省非」。

有些人振振有詞地發脾氣，認為敵人十分可惡，是對方先傷害了自己，自己反擊有甚麼不對呢？事實上自己再怎麼有道理，心中充滿了瞋恚惱怒的情緒，早已傷害到自己，其實這就是自己的不對，也是智慧不足之故。

當發現自己心懷瞋恚，企圖要觸惱他人的時候，應當立刻覺知內心的變化，暗示自己說：「我是個修道人，不應該有這種負面的念頭。」如此自我鞭策，馬上提起慚愧心，進而停止傷害怨家的心。告訴自己反擊對手只會讓雙方陷入更嚴重的對立，對整個事件一點幫助也沒有，還冤枉傷害了自己，擾亂了清淨心，這可真的划不來！

智慧44

洗心

不改舊習慣，你將會成為生活的奴隸。

洗心革面就能邁向幸福。

難以察覺的習氣

有一天有一個人走在街上，他沒有看到路上有個洞，不小心就掉到洞裡，爬呀爬，好不容易才爬出洞口，他不甘心地說道：「這不是我的錯」。

第二天，這個人又走在同一條街上，這回他雖然有看到路上的洞，但是仍然掉到洞口裡，當他爬出洞口時，悻悻然地說道：「這不是我的錯」。

第三天，他又到了同一條街，雖然也一樣看到路上有洞，也仍然是掉入洞裡，這回當他爬出洞口時，慚愧地說道：「這是我自己的錯」。

第四天，這個人在同一條街上，也看到了那個路上的坑洞，他懷著謹慎的心，成功地不再掉入洞口。到了第五天，這個人走上了另一條街，展開新的人生道路。

這個小故事暗喻著修行人對治煩惱的過程，說明學佛人剛開始修行，不知煩惱從何生起，一不小心就掉入煩惱之中。由於有了前面的經驗，再來就能看到煩惱的生起，但因用功不得力而向煩惱投降，又掉入煩惱之中。雖然每次努力用功對治煩惱，但仍然是不能奏效，還是掉入煩惱中。

經過這些挫折之後，他開始拿出生死心來對治煩惱，終於他不再陷入煩惱。最終他不再有煩惱，可以自在任運。

學佛人從不肯認錯到承認自己的錯，這時間之長短依個人根器的不同，而有所差異。這整個過程都必須從自己起慚愧心進步起，由慚愧心這顆善種子，長養「屢敗屢戰」的向道心，縱然面對修道上的失敗，只要肯撫平傷口，跌倒了再爬起來，終究必能習得法要，這就是學佛人必備的修學態度。

智慧45

對治

佛陀說貪慾猶如一條蛇，

當你緊緊抓住它的身體，

蛇頭將反咬你一口。

凡是過度需要就是貪，

要對治它才能幸福。

覆缽而去的修行人

有一天，有個修行人正在托缽乞食，他極有耐心地排在一群人後面，等待著自己的午餐有個著落。當輪到自己乞食的時候，他往施主的鍋子裡頭一看，只剩下一碗稀飯而已，這時修行人動了念頭說道：「怎麼只剩一碗呢？不夠我吃啊！」

此刻他又動了念頭，這次的情形就不一樣了，他察覺到那是自己的貪念作祟，因為事實上他吃一碗就夠飽了，何況想再一碗！那是不應該有的想法。

後來他又想，縱使鍋子裡頭什麼都沒有，也不應該有這種念頭，世間一切本來就是因緣法，是依各種條件的組合而安立，應了知隨順因緣的道理，一切強求不得。想到這裡，起慚愧心的修行人，立刻覆缽而去，以拒食此餐來處罰自己。

不少人縱使知道貪欲是苦本，但是仍然對種種順緣放不下，這該怎麼辦呢？在我們尚未能夠完全放下情執之前，可以先學習「少欲知足」的精神，這可以說是初步淡化貪愛的良好藥方。

一般人會貪愛利養，愛名聲、好美色，這些容易令人們起貪愛的東西，卻是聖賢們防患未然之處。例如佛陀就曾經這麼說過：「利養是諸佛等善人所棄，如佛說：『我不近利養，利養勿近我。』」若引申這句話的含義，我們也可以這麼警惕自己：「我不近好名聲，好名聲勿近我；我不近美色，美色勿近我。」如此遠離順緣的種種誘惑，就可以令自己比較不容易生起貪愛的念頭。

智慧46

明淨

煩惱不能改善現況，保持明覺清淨的心，

才能明白問題的癥結點。

明淨的心是照見幸福的一面鏡子。

色不異空，空不異色，色即是空，空即是色

有一位修行人在寺院裡，一大早就做完了早課，之後來到寺院旁邊的荷花池賞荷，他深深地吸著清新的空氣，同時聞到了荷花的香氣，不禁陶醉在其中。這時池裡頭的荷神從水中冒了出來，呵責道：「你身為修行人，怎麼可以貪聞我的荷香呢？」修行人聽了連忙道歉，很羞愧自己對荷花的香氣起了戀著的心。

不久，來了一個農夫，他竟然把池中的荷花整個挖走，修行人以為荷神必定會大大抗議，結果沒想到荷神並沒有出現。正當修行人感到納悶之際，結果荷神現身說話了，祂說：「修行人的心應當是清明的，猶如明鏡般，一沾上不清淨的髒東西，看起來就很明顯，即使只是微細的煩惱。

修行人倘若身陷煩惱而不自知，這個時候就必須有人特別提醒他，將內心的髒東西去除掉，讓內心恢復明淨。」一般人沒有調伏心念的習慣，心不清淨就如同耐髒的深色地毯，一片黑暗而不自知。縱使有人善意提醒他，也不見得有用，若是遇到無慚無愧之人，那就更不用說了，反而會誤以為你在找他麻煩！」

這個故事告訴我們修行人要善護心念，「總教此心比日月，莫令方寸染纖塵」，認真在自己的心地上用功夫，提昇自己的修道境界。

每當起了瞋恚煩惱，除了自己心中不舒服，還帶給別人不愉快。恨意的纏綿只會傷害自己。不愉快的往事明明已經過去了，卻放不下！仍然藏在內心折磨自己。有事沒事就憶起傷心事，每想一次又再度難過一次。這好比中箭受傷之人，拔箭之後還繼續拿箭往自己身上刺，每刺一次就痛苦一次。

佛陀告訴我們，不必再受第二支箭。當你發現自己開始回憶不愉快的往事，心中應當毅然提起正念，思維煩惱對事情一點幫助也沒有，只會帶來無謂的痛苦。如此一來，那些委屈與不平，自然而然消失的無影無蹤。

智慧
47

般若

般若不是聰明，般若是超越聰明的智慧。

般若心即是幸福腦。

讓他三尺又何妨

漢朝浙江紹興縣陳囂，有一天發現鄰居紀伯把籬笆往陳家推進三尺，陳囂不但不抱怨，反而一聲不響地在夜裡往後退一丈。紀伯慚愧之餘，不但將地歸還他，而且主動往後退出一丈。這二丈多的巷道，就立著一個大石頭名為「義里」，這件事一時間被傳為美談。

清朝安徽桐城的張、方二家，因地界不清而起糾紛，張家寫信給家人張英（在北京擔任禮部尚書文華殿大學士），原想盼能獲得勝訴，不料張英回信道：「千里捎書只為牆，讓人三尺又何妨？萬里長城今猶在，不見當年秦始皇」。於是張家在慚愧之餘，就把地標往後退三尺，方家也退了三尺。

大師父開示

上述這兩件事值得我們深深省思，一般人往往汲汲營營，希望自己可以名成利就。

但是日夜辛苦追求卻不一定能獲得。

更何況以侵犯他人權益想獲得利益這件事呢！

智者卻知道放下貪著立即可獲得安樂。

因此學佛首重般若，有了智慧就可免除不必要的紛擾。

智慧
48

無明

不清楚生命的真相，猶如被烏雲遮住的太陽，

暗淡無明。

醒悟的光明心讓我們看到幸福。

放下面子才有面子

教書那一年，自己常常與覺知法師一起去講堂。

在前進講堂的途中偶而還會撿到法寶。

有一次，聽到開車的居士向覺知法師抱怨，某件事讓她覺得很「沒有面子。」

覺知法師回答她道：「學佛就是要放下面子。」

這句話，我一直銘記至今。

大師父開示

為什麼一般人會將自己不美好的一面掩蓋起來？說穿了不外乎也是為了名利。這是因為害怕別人知道自己的短處或過失，耽心別人瞧不起自己。另一方面也憂心自己的名聲和好處會因此消失。這都是自己的無明和習氣作祟，所以不由自主地覆藏己過。

愛面子的習氣往往害了自己一生，明明可以很輕鬆過日子，但是偏偏為了別人的眼光，與自己的比較心理，搞得自己疲憊不堪。常基於面子問題，隱藏自己感到丟臉的事，希望自己在別人心目中，是完美無缺的！是最優秀的！不肯務實的呈現自己，因此受不了別人間接或直接指出自己不好的一面，這種人永遠都活在自己的牢獄之中。

凡是讓我們感到自傲或成就感之處，相對也會令我們有自卑感與挫折感。例如每當我們受人讚嘆的時候，會覺得自己很有成就感，而面對毀謗時刻內心就會不平，充滿惱怒情緒。學佛人必須學踏實才能遠離這兩端，「戒定慧」三學就是學踏實的資糧。

智慧49

淡然

什麼事都看得開、看得淡，自然快樂幸福。

乞丐的舍利

有個因緣乞丐，就有「得意淡然、失意泰然」的本領，他是個虔誠的學佛人，每天固定一大早就到寺院隨著僧人做早課，然後再開始一天行乞的生活。行乞當中有人待他很好，給他許多金錢，他也沒有特別高興，只說：「因緣！因緣！」當有人待他不好，拿石頭丟他，他也沒有特別不愉快，也是說：「因緣！因緣！」他的日子過得很平實，人們不知道他叫甚麼名字，因為常聽到他說：「因緣」兩字，就只管叫他「因緣乞丐」。

有一天，因緣乞丐睡在一家屋簷下，主人晚上喝醉酒回來時，沒注意到屋簷下有人，就在那裡灑尿，尿水淋得因緣乞丐滿頭滿臉，主人發現後對他一直道歉，因緣乞丐也只是輕聲地說道：「因緣！因緣！」主人很佩服他的涵養，後來因緣乞丐去世後就給他厚葬。火化後居然燒出許多舍利子，人們驚訝地發現，很平凡的因緣乞丐，居然道行如此深厚，轟動了世人。

大師父開示

一旦面對順境，一般人可能高興得沖昏了頭，所以面對逆境時，就會沮喪不安叫苦連天。透過佛法觀照的力量，我們就可以知道世間的種種現象，都是暫時性的條件組合，皆是虛化不實，任何天大的榮耀，也都只是一時的假相，我們假若能夠如此思維，得意的時候內心就不會隨著順逆境界起伏，享受淡然的真實生活。

所謂「名關不破，毀譽動之；利關不破，得失驚之」，是指我們若是看不開、放不下「名關」，當面對毀謗和讚歎的時刻，自己行為是輕慢或恭敬，就會心隨境轉，憂喜不安；倘若對「利關」看不開、放不下，當面對得財與失利的時候，也是心隨境轉，喜怒不定。學佛人是不能受「毀譽得失」的影響，有句智慧諺語「名利累人，平淡是真，不爭為上。」這就是修行的下手處。

智慧
50

知足

無法滿足的人，生命對他而言一種懲罰。
少欲知足的人，生命對他來說一種享受，
是一種幸福。

七進七出的鋤頭

曾經有個鄉下人，極為喜歡他自己珍藏的一把好鋤頭，他為了對治貪愛，曾經把鋤頭布施給他朋友，但繼而又捨不得，而把鋤頭給要回來，如此布施鋤頭又要回鋤頭，來來回回總共七次。

後來他下定決心不再貪愛這把鋤頭，就到了海邊，將這把鋤頭丟進海裡，這時候他十分高興，就歡呼起來：「我勝利了！我勝利了！」這時候，恰好有一位剛剛從戰場打勝戰回來的國王，當他聽到這位鄉下人的歡呼時，心想：「我剛剛打戰取得勝利，征服了一大片土地，可是為甚麼我的心情反而沒有這個人高興呢？」於是他就問起這個鄉下人高興的原因。

他聽完鄉下人的陳述，國王明白了一個道理，原來貪欲是永無止境的深井，有了富貴會想要更多的富貴，有了權勢會想要更多的權勢，當了國王又會想要長生不死。國王終於體悟到唯有降伏內心的煩惱，才能獲得真正的安樂。

大師父開示

世尊在《法華經》即提到「諸苦所因，貪欲為本」，承天禪寺的廣欽老和尚曾開示道：「只要還存有貪戀娑婆世界一草一木的念頭，都逃不過再來輪迴的命運。」

貪欲是我們輪迴的主要因素，它可以由最微細的執著，增長為貪著、貪愛、貪染，進而成為粗濁的婬慾。凡夫都是由於貪欲，而一直生生死死，死死生生，老是掙脫不了生死業網，老是沈淪於六道業海中，實為可憐憫者！

有位大師說：我們「需要的不多，想要的太多」。一般人都容易不知足地想要擁有許多超出的需要，而實際上真正自己的需要並不是那麼多。多一分順緣的擁有，就會增加多一分甜蜜的負累，倘若能夠放得下貪愛，無繫、無求，這是何等的清涼自在！

智慧 51

價值

人生的價值由你自己來決定。

幸福就是生命最好的價值。

值一千萬的石頭

有個年輕人很想知道什麼是生命的價值，他問了很多人，而且自己也看了很多書，但是他始終都找不到滿意的答案。有一天，他遇上一位老和尚，內心直覺這個老和尚是個智者，可以請他指點迷津，到底甚麼是生命的價值。於是他抱著歡喜心走向前，恭敬地問說：「請問法師，甚麼是生命的價值呢？」老和尚沒有說甚麼，請他第二天早上再來。

隔天早上年輕人準時地去見老和尚，老和尚拿給他一塊石頭，那是一塊看起來很平凡的石頭，跟他說：「你拿這塊石頭去菜市場拍賣，價錢由買的人自己訂，不過你要問他買石頭的用意，回來跟我報告，可是千萬要記得，不能真的把石頭給賣掉哦！」

年輕人答應了，他從菜市場回來後就向老和尚報告，有二個人買石頭，一個是當媽媽的要買石頭回去給他小孩當玩具，出了五塊錢，另一個中年人出十塊錢，是要買回去當紙鎮。老和尚聽了之後，仍叫他隔天早上再來，還是沒有跟他開示佛法。

年輕人為了知道生命的價值，隔天還是很準時的去了。老和尚把同一塊石頭交給他，這次是請他拿石頭去黃金市場拍賣，交待同樣的話，年輕人雖然不相信有人會在黃金市場買石頭，但他還是去了。

這次回來的時候，年輕人很驚奇地向老和尚報告說：「這次居然有人願意出十萬塊錢買石頭，我聽您的話沒有把石頭真的給賣掉，師父，您可以告訴我甚麼是生命的價值了嗎？」

老和尚笑笑，叫他不要急，隔天早上再來。

當年輕人再度準時去見老和尚時，老和尚仍然把同一塊石頭交給他，交待他拿去珠寶市場拍賣，不過不能真的把石頭賣出去。

這次年輕人把石頭帶回來的時候，向老和尚報告說這次有人居然出了一千萬要買這塊石頭，他差點想賣掉，但是為了想知道甚麼是生命的價值，就帶回來了，年輕人又再度請求老和尚為他開示佛法的真理。

這時候，老和尚才語重心長地告訴他：「這石頭雖然看起來很平凡，可是有眼光的人就知道這裡頭含藏著無價的鑽石，所以黃金市場和珠寶市場都有人願意出高價購買，但是菜市場中走動的人不識貨，只肯出五塊錢、十塊錢買這塊石頭。石頭含藏著無價的鑽石，就好比一切眾生都本具佛性，自家有牟尼寶珠，依本具之清淨心修行，可以直了成佛。

生命的價值就在於眾生可以成就和諸佛一樣的功德、智慧，可以圓顯自性清淨心。可是大多數人不知道如何珍惜生命的價值，一輩子就這樣空過了，不但如此，還造下重重疊疊的惡業，這就好比有人只肯出五塊錢、十塊錢購買這塊含有鑽石的石頭一樣，那是因為他沒有認清事實，原來外貌平凡的石頭含藏著無價的寶藏。

所以我們要尊重生命本具的價值，恭敬每一個眾生，因為一切眾生皆具佛性，遲早都會成佛。我們要當自心的彫刻家，彫刻心中的自性佛，讓自性佛光普照十方世界。」這才是生命真實的價值。

有許多人很努力工作，但收穫卻是不佳，這個時候心情就會很沮喪，而且感到不安。實際上努力是沒有白費的道理，收穫的標準往往是見仁見智的問題，有「有形及無形」之分，一般人都只看到眼前有形的收穫，卻看不到無形的價值，其實每個人在努力的過程中，生命經驗必定有所成長，無論是成功或者失敗，都可以讓我們體悟世事無常的道理，認識一切都是因緣法則，努力是必要的，但成事得看條件是否具足，這就是世間真象，沒有所謂絕對的事情。

智慧
52

心光

心中有光明，走到那裡亮到那裡。

有光明心到那裡都幸福。

黑暗的道路要特別用心走

某日夜晚龍潭大師對德山禪師說道：「時間已經不早，你怎麼不回去休息？」

德山禪師向門外走了幾步，回頭說：「外面太黑！」

龍潭大師點了一支蠟燭給德山禪師，德山禪師正想用手去接，龍潭大師又一口氣把蠟燭吹滅，德山禪師大悟，立刻向龍潭大師頂禮，良久不起。

龍潭大師便問道：「現在一片漆黑，你見到了什麼？」

德山禪師說道：「弟子心光已亮，從此不再懷疑天下老和尚的舌頭了。」

學佛不能依賴他人，穿衣吃飯都要自己來，更何況了悟自心這件事，有誰替得了。

大師父開示

修行是為了生脫死而修，誠實面對自己才是老實修道者，不論別人知不知，起心動念清楚明白莫造業，律己守分最重要。否則臘月十八到期日，方知不是誰來懲自己，唯有自心審自心，喊冤也枉然！

學佛人不能做表面功夫，，不老實什麼都免談。縱使跑遍大江南北，到處參訪高僧大德，學了什麼了不起的法門，也都是假的！一點用處都沒有。

一個真心想要修行的人，首先要認清是誰在修行？自己不老實修行，以為跟在某某大師身邊就可以得道，那是緣木求魚，根本不可能的事情。

如果是這樣子話，大家統統不必修，只要大師幫我們修就好了，佛陀也不必那麼麻煩，還要為眾生說法四十九年。由此可知老實用功是不二法門。

智慧
53

善待

善待環境就是善待自己，幸福自然來敲門。

不負己靈

有一對夫婦開車經過鄉下一家餐廳，他們停下來用餐，席間他的妻子去了一趟化妝室。當她進入化妝室，看見一盆盛開的鮮花，正擺在一張看起來陳舊卻十分典雅的木製桌上，這間化妝室也收拾得非常乾淨，像似一塵不染。她使用過後，也主動把洗手台擦拭得乾乾淨淨。

上車前她對餐廳老板說：「那些鮮花十分漂亮，化妝室也十分整潔，令人感覺十分舒服。」老闆道謝後說道：「我在化妝室擺鮮花的習慣已經有十幾年了，為了保持清爽隨時請人清掃整理，目的是希望顧客有賓至如歸的感受。」

她聽了老闆的這一席話，回家之後也運用了一點巧思，將家裡佈置得十分優雅，環境整理得非常乾淨，讓人有心曠神怡的感覺。

能夠如此用心對待我們周遭人事物，就是佛經上所說的「不負己靈」。乾淨的環境人們總是不忍心去破壞它，如同純潔的心靈，我們也不忍心讓它受到傷害。

沒有學佛時，或許覺得環境擾擾攘攘並無所謂。不過開始學佛後，大部份的人會厭喧慕寂，傾向喜歡寧靜的環境。果真契入第一諦，對義理有所領悟，就知道「動靜二相，了然不生」。雖然處於喧鬧之市，內心也能寂靜明朗，不為動相所轉。處於寂靜的佛堂，內心也能清楚明白，不被靜相所轉。

弘一大師曾說：「處逆境須用開拓法；處順境須用收斂法」。當我們處於逆境的狀態，正是給自己開拓心量的時刻，將平日未發現的習氣給磨掉，進而洞達境界本來沒有順逆之別，分別是緣起於自心。當自己情緒低落，那是因為我們在順境的時候，心情沒有收斂，任由六根放逸悠遊六塵，如此一來，心隨著外在境界起變化，心情自然一直隨著境界打轉而不能自主，且不得自在。因此，處於順境應收攝心念，知道順逆境界都是幻化無常的假相，內心不隨它起舞，看它如何。

智慧54

適得

適得其所，是最幸福的安排。

一隻飛不出去的蝴蝶

有一位名字叫曉玲的同學，初學寫作就頗為自豪，一心想在有名氣的刊物上發表文章，為了實現夢想，她日以繼夜地伏案苦寫。但是寄出去的稿子如同斷了線的風箏全無回音，她失望極了，甚至揚言從此不再寫作。

在一個初秋的傍晚，曉玲站在窗前，忽然看到一隻蝴蝶，在房間裡一圈又一圈地飛著，似乎是迷了路，牠左衝右撞地努力好幾次，卻找不到出口。曉玲發現這隻蝴蝶所以飛不出去，是因為牠只知道往高處尋找，不知道往下飛也有可能找到出口飛出去。

看著蝴蝶所遭遇的困境，曉玲想到自己的寫作情況，似乎與這隻蝴蝶情形一樣，只想往高處飛，卻不懂得調低自己的目標，腳踏實地的寫作，爾後不愁沒有自己發展的空間！於是曉玲重新提筆，又伏案苦寫，但這次不同的是，她已經不再好高鶩遠了。

大師父開示

聲聞聖人的出離心志很強烈，視三界如同糞坑，巴不得趕緊出離。墮入三界的因就是煩惱，為了達成出離三界的願望，聖聞聖人十分「愛乾淨」，他們嚴持三業清淨，徹底地止息內心任何「不淨」，不容許有煩惱暫留。

止息煩惱有很多法門，但學佛之人千萬不能用壓抑的方式去除煩惱，這樣修行只會積壓煩惱，不能徹底根除煩惱。大乘菩薩用般若法門照見煩惱，而不入煩惱流，煩惱猶如河流，有時浪花滔天、有時湍促急流，大乘修行人站在岸邊看得一清二楚，內心清淨而不隨波逐流。凡夫不知煩惱如江河般的遷流，竟然跳入河中，被煩惱的波濤給淹沒了。

智慧55

心定

心定做事自然有主張，謀事自然有處方。

心定幸福自然來。

茶道即是劍道

日本江戶時代有一名茶師，平時很喜歡裝扮成武士。有一天，他在路上遇見了真正的武士，此人見到茶師的武士裝扮便將他拉住，要求與他比試劍術。茶師只好聲稱先去辦好要緊的事再來比武。

此時此刻茶師加緊腳步趕到全城最有名的劍道館，告訴劍道師父自己即將比武，請求劍道師父指點。劍道師父請茶師先泡一壺好茶來喝，然後才肯教他劍術。茶師盡力地專心泡好茶，劍道師父喝了很滿意地說：「待會兒比武的時候，你就用剛才泡茶的心情去比試就好了。」

二人比武時間到了，茶師聽從劍道師父的話，保持平常心，專心一意，不急不緩地出招，最後終於獲勝了。

大師父開示

這場比武令人感到意外，一名茶師並非武士，竟然能夠贏得這場勝利，真是讓人百思不解。原來茶師已經體悟到平常心的重要性，這是他致勝的關鍵。

凡事無論成敗，佛門總是教人以「平常心」看待。為何禪宗的祖師們都說「平常心是道」呢？在『景德傳燈錄』裡頭有提到：「平常心無造作、無是非、無取捨、無斷常、無凡無聖……只如今行住坐臥，應機接物盡是道。」

這是指所謂平常心是不做任何無意義的計較與分別，沒有患得患失的心情。若能從中體悟它的妙用，於日常生活中必能活活潑潑的運用，如吃飯時安心吃飯，工作時安心工作，睡覺時安心睡覺，這就是平常心。

佛學知識概要

四依法

學佛應正確認識學佛所依靠的法則，才不至於走錯路，這是學佛應有的態度，四依法即是學佛所依的法則：

依法不依人：

許多人學佛不是皈依法，而是說他皈依某某法師，這事情很麻煩，是不是他的皈依師要幫他修，由他來得呢？如果是這樣子皈依佛之後，不必修就可成佛了？學佛可不能再搞世俗那一套，要清楚明白！佛說了四十九年的法不是說給自己聽，是說給您聽的！要您照著他走出來的解脫道路去行，您就可以跟他一樣悟道證道。皈依師只是證明您學佛的老師，不是依靠他這個人，如果他所講的法是對的，您可以聽可以學，不對的您千萬不能聽不能學，學佛是要依靠正法。

依義不依語：

依文解義三世佛冤，經文之法義是超越世俗的語言文字，字意的解釋有它的局限性，因此應依經文的背後道理（經文之義理），非字面上的意思。

依了義經不依不了義經：

佛陀說法有權有實，是因應眾生不同根器給不一樣的法，有方便有究竟，學佛是要依究竟法，也就是依了義經典。

依智不依識：

是指應依理性，而不是依感情，所謂理性是指佛陀覺悟的智慧，這裡所說的感情是指世間的學問和知識。

三法印

學佛應先了知正法，才不至於顢頇學佛，這是學佛應有的基本態度，因此必須具備檢驗正法的能力，有三個最核心的基本檢驗辨法如下：

一、諸行無常：

是指一切有為法，都是各種條件（因緣）組合而成，沒有一個不變的真實體性，都是剎那生滅，沒有恆常性。

二、諸法無我：

是指現象界萬事萬物，沒有一個主宰者，皆是依因緣（條件）而生，相互依存，無實體性。

三、涅槃寂靜：

涅槃是指寂滅、滅度、無生，煩惱之火已滅盡，超越生死證悟菩提智境，心凝住於一處之平等安靜狀態。

四念處

學佛應先正確認識修法的四個基楚（修實智慧），四念處是學佛的四個方法：

一、觀身不淨：

觀身不淨是對治貪的法門，人如果沒有欲愛、色愛就不必修不淨觀對治。貪是生死的根本，只要有一點點貪愛的念頭，將來還是要繼續受輪迴的果報，所以修習觀身不淨，來破除我們自己及他人對身體的愛著，以及破除欲愛、色愛的根本煩惱。

二、觀受是苦：

受，就是一種感受，也就是承受外在的苦樂境界。眾生執著種種快樂的感受，因而起了貪愛，拼命去追逐、佔有，就不斷地造惡業，將來就要受報。所以，觀受是苦，是用來對治眾生對「樂」的貪求慾望。

三、觀心無常：

我們的心是一刻都停不下來，一會兒東一會兒西，不是一個永遠不變的心境，一下子這樣，一下子那樣，這就是無常。而人是執著一切萬物皆恆常不變，而不知此間均有生滅現象，所以觀心無常，是用來破除眾生對「常」的執著。

四、觀法無我：

世間任何的人、事、物，皆要具足種種條件才能成就。也就是一切都是因緣和合，沒有一個實質不變的東西，沒有自性的存在，自性就是「我」，我不是指肉體的我，是說有一可自生的創造者，佛說沒有一個所謂的主宰者，所以一切法即是無我。一切現象都是仗因托緣而生，而眾生執著一切為實有，所以就用這法門來對治。

四念住

學佛應認識必修法門，四念住是學佛必修：

「念住」的定義是全心全意、安穩地警覺。

共有四種念住，分別是：身念住、受念住、心念住、法念住

一、身念住：意指全心全意安住在身體現象上，例如呼氣與吸氣。

二、受念住：意指全心全意安住在感受上。

三、心念住：意指全心全意安住在思想或精神的歷程上，例如有貪或者離貪。

四、法念住：意指全心全意安住在觀法，例如五蓋等。

四正勤

學佛應認識精進四要（修正精進）：

「正勤」的定義是：能夠非常地努力實踐，稱為「勤奮」(padhana)。能夠適當地、非常努力地實踐諸「法」，稱為正勤 (Sammapadhana)。沒有任何勉強成分的努力，稱為「正勤」，也可以稱為「熱切的精進」。這種努力會引起身心巨大的痛苦。而這種努力具有四項特徵。這四項特徵：一、寧可讓皮膚乾盡。二、寧可讓筋肉乾盡。三、寧可讓骸骨乾盡。四、寧可讓身內血肉涸竭。這種努力會喚起一種決斷力量：「如果以人的努力可以証得終極真理，那麼在尚未証得之前，我決不會放逸。」

國家圖書館出版品預行編目(CIP)資料

不執著的幸福：大師父教你頓悟的55則智慧 / 淨明著.
-- 初版. -- 新北市：大喜文化, 民103.04
面；　公分. -- (淡樂智在；2)
ISBN 978-986-90007-7-2(平裝)

1.佛教修持 2.佛教說法
225.87　　103004449

淡樂智在02

不執著的幸福
大師父教你頓悟的55則智慧

作　　者　淨明
編　　輯　蔡昇峰
出 版 者　大喜文化有限公司
發 行 人　梁崇明
登 記 證　行政院新聞局局版台省業字第244號
P.O.BOX　中和市郵政第2-193號信箱
發 行 處　23556新北市中和區板南路498號7樓之2
電　　話　（02）2223-1391
傳　　眞　（02）2223-1077
E-mail　joy131499@gmail.com
銀行匯款　銀行代號：050，帳號：002-120-348-27
　　　　　臺灣企銀，帳戶：大喜文化有限公司
劃撥帳號　5023-2915，帳戶：大喜文化有限公司
總經銷商　聯合發行股份有限公司
地　　址　231新北市新店區寶橋路235巷6弄6號2樓
電　　話　（02）2917-8022
傳　　眞　（02）2915-7212
初　　版　中華民國103年4月
流 通 費　新台幣250元
網　　址　www.facebook.com/joy131499
I S B N　978-986-90007-7-2 (平裝)